日本人になったユダヤ人

―「フェイラー」ブランド創業者の哲学―

大江 舜 著

フェイラー・バッグ第1号

Art Days

はじめに

もしあなたが人生に悩み、仕事につまずき、人間関係で苦しんでいるのなら、この本が大きなエールを送ってくれるだろう。アーロン・モリッツ、後に得た日本名は山川阿倫。本書は、はるか東洋の異国で日本国籍を取得して事業を立ち上げ、大きな成功をおさめた男の数奇な冒険物語である。

ナチをのがれて18歳のときにたった一人で故国ルーマニアを脱出したアーロンは、イギリスの委任統治領であったパレスチナで英軍に入隊する。第2次世界大戦が始まると、ノルマンディー上陸作戦につぐ激戦の北アフリカ戦線でロンメル将軍の独戦車部隊と戦い、九死に一生を得る。たえず生命の危機におびやかされながらも間一髪のところで脱出し、生き延びたのが人生の前半だ。ルーマニア、パレスチナ、イスラエル、日本と持ち替えたパスポートは四つ。運命がいかに過酷でも、アーロンはいつもそれを恬淡として受け入れ、ときにはすべてを捨て去り、ゼロから再びスタートを切る。

あなたがスパイ小説のファンなら、きっと英国の作家ジョン・ル・カレを読んだことがあるだろう。アーロンは小説の主人公である元英国諜報部員のスマイリーのように〈急がない、取り乱さない。どんな難題にぶつかってもけっして投げない。つねに冷静、つねに慎重、思慮のかぎりをつくし、独特の「沈黙の才」を駆使して問題に迫る。煩をいとわず、労を惜しまず、執拗にくいさがって解答を求める〉のだ。他人がどう言おうと、思おうと、信じるところをベストを尽くしてやりとげる。

「後悔しない、信念を持つ」(No regrets, no doubts) がアーロンのモットー。過去に拘泥せず、見えない未来に振り回されず、いまの気持ちを正直に、ポジティブに生きる姿勢に私たちは羨望すら覚える。

スーツケースひとつで羽田空港に降り立ったのは、なんと50歳のとき。その中に入っていたのは、出生証明書、ガラクタ箱、手帳、勲章、可愛がってくれたレベッカお祖母さんの写真、背広5着、書籍数冊、そして現金わずか100万円。これは、パリのアパルトマンを売却し、なにもかも清算した残金で、異国での再出発には無一文同然。アーロンの人生の冒険は、いつも空っぽ同然のスーツケース一つからスタートだった。

日本のご婦人方のあいだで知らぬ人とてない「フェイラー」ブランドは、アーロンの行動力と、人生哲学なくしては花開かなかったはず。生死の境をかいくぐってきた男にとっては、起業の苦労、つぎつぎに襲ってくる難題や危機など、ものの数ではなかったのかもしれない。彼の「知性」と「沈黙の行動力」なくして「夢の達成」はあり得なかった。

独立・起業を夢見る人たち、現状を打破したい人たちには、示唆に富んだ、類まれなるビジネス書としても一読に値するだろう。

日本人になったユダヤ人
—「フェイラー」ブランド創業者の哲学— 目次

目次

目次

日本人になったユダヤ人

―「フェイラー」ブランド 創業者の哲学―

第1章　四つのパスポート

星にみちびかれ

あのときもアーロンは星を眺めていた。河口湖に近い山梨県鳴沢村の別荘に招かれたある夏の夜のことだった。星空の下、はじめて日本へやってきたとき、飛行機の窓から見えた富士山が、いま巨大な黒いシルエットとなって浮かび上がる。その稜線には数珠のようにつながった光が点々と見える。

「山小屋の灯です。天体望遠鏡をのぞくと、ゆれる光に照らされた人影まで映し出される。あんなところにも人間の営みがある。みんな懸命に星に近づこうとしているのかな。あっ流れ星だ。ほら、あれは天の川です。僕たちもいつか星の浮かぶ宇宙にもどっていくんだな」

いつもは寡黙なアーロンがその夜にかぎって饒舌だったのは、標高1000メートルの高原の涼気にひたりながら、アルコールを久しぶりに口にしたせいだったかもしれない。

「北アフリカの砂漠で見あげた夜の星。ロンメル将軍の戦車隊と戦って生き残った僕が、いまこうして夜の富士山を眺めている。なんとも不思議な気がします」

そして、語りはじめた。

「18歳のときに僕はナチを逃れて一人でルーマニアを脱出してね。パレスチナでハイファの大学へ入ったらすぐ戦争が勃発して、モンゴメリー将軍の英国第８軍に入隊した。ロンメル将軍と北アフリカの砂漠で世紀の戦車戦となったが、九死に一生を得た。パリに出てくるまでの、こんな僕の半生は妻も詳しくは知っていません」

これまで、四つの国のパスポートを持ち替えて生きてきた。まず生をさずかった国、ルーマニアのパスポート。英国の委任統治領だったパレスチナへ脱出したので、パスポートにあたるパレスチナ市民証明書。そして１９４８年に建国をはたしたイスラエルのパスポート。そして最後は日本のパスポートである。

聞けば聞くほど数奇な運命に私は好奇心をかきたてられた。

すべてを捨てて

アーロンが日本の土を踏んだのは1970年7月1日のことだった。すでに50歳になった人生の一切合財を処分したわずかな残りをスーツケースにつめてやってきたのだ。はるか極東の国に新天地を求めて……。パリの免税店「リッツ」の店で部下として働いていた20歳年下のカズコの待つ日本である。

パリのオルリー空港を発って十数時間。当時いちばん安かったモスクワ経由のアエロフロート機の窓から、はじめて浮世絵で知っている富士山を見ながら羽田空港に降り立った。税関職員にスーツケースを開くように命じられたのは、彼の姿がなにか不思議な印象を与えたのだろうか。国際ビジネスマンのようでもなかったし、観光客のようでもなかった。

「イスラエル国籍のせいか、なぜかよくスパイと間違われてね。でも、その中に入っていたのは、100万円たらずの所持金と、背広が5～6着、下着、ルーマニアを一人で脱出したときに持ち出した出生証明書などの大切な書類、戦争でもらった勲章、愛読書が20冊、お土産の香水、そして離婚証明書が2通。パリの役所が発行したものと、ユダヤ教の証明書。それがすべて」

税関員はキツネにつままれたような顔をした。

「スーツケースにそれまでの人生をスッポリおさめて日本上陸したのですね？」

「そうです。人間は、どんなに長く生きようが、どんなにたくさんの財産があろうが、いま現在を生きるために必要なものは、スーツケース１つに収まってしまうものなのです。山ほどある捨てがたい物の中から、何を選択するかで、その人の生き方が決まるような気がします」

「ほんとうに何の不安もなかったのですか？」

「不安というより、むしろ爽快感を味わっていました。未知の国に降り立って、ゼロからのスタートですから、これからの行動を積み重ねて結果を出していこう。そう強く決意していました」

寡黙なアーロンは親戚や知人に事前に何も知らせていなかったから、パリでは降ってわいたような、「アーロンの決意」を知って、腰をぬかさない人はいなかった。

「カズコがパリの免税店リッツの店を去る時、僕は妻と離婚して日本へ行くと伝えたのですが、カズコは半信半疑でね」

それはそうだろう。年齢が親子ほど離れている上に、どうやって異国で暮らしていくのか、まったくあてはなかったのだ。

「大喜びしてくれたのは、僕の年老いた母親でした。結婚祝いにと言って、あとからルーマニアから命からがら持ち出した先祖代々のテーブルクロスとナプキンセット、そして大きなカーペットをカズコ宛に送ってくれました。母は亡くなるまでカズコをとても可愛がり、カズコも母になついていました」

準備ができたので日本へ行くと手紙で予告していたが、実際にスーツケース一つでやって来たアーロンを見て、カズコは「この人といよいよ日本で生活していくのだわ」と覚悟をしたようだった。

アーロンとカズコは数日後、東京駅から開業わずかの新幹線に乗り新大阪へ。そこから山陽本線で姫路市の実家を訪ねた。

「日本はオリンピックを成功させた直後の、まさに日本列島改造計画が着々と進行している時期で、羽田からの高速道路にも、新幹線のスピードにも驚きました。姫路に着くと、あの美しい白鷺城が堂々とそびえていたのです」

カズコの実家はお城のすぐ東隣りにあった。玄関へ足を踏み入れるまで、アーロンが心配していたことと言えば当然のことながら、

「僕はユダヤ人で、しかも20歳も年上ですからね。髪の毛はすでに薄いし、言葉はしゃべれないし。ご両親が猛反対するのを覚悟していたのですが、開放的な家庭の雰囲気で、ほっとしました。笑顔を浮かべた慶応ボーイの父上から、英語で〈ユーアーウエルカム〉と言われたことを覚えています。娘に全幅の信頼を置いていたのか、あるいは一度言い出したらきか

ない娘なので覚悟したのでしょうか」

畳を敷いたお座敷に通され、床の間のお花や掛け軸を眺め、仏壇の前ですすめられるまま、手を合わせた。その日の夕方、みんなで食卓をかこみ、初めて日本の家庭料理を味わった。

翌日は父親が「面白いランチを食べに行こう」と計画していた。姫路郊外の東条湖ダムの近くで「そうめん流し」を初体験。青竹をまっぷたつに割って、つなげた樋の中を、冷たい山の水に乗って上流から白いそうめんが流れてくる。それをお箸ですくい、食べる。世界で一つしかない風流な創作ランチに腰を抜かした。自然にとけこんだ日本の食文化。姫路にきてわずか2日目のことだった。

にわか日本人

結婚式は内輪で簡単にすませるつもりだった。だが、わずかその2日前の午後10時頃、カズコの父の案内で夜の街を散歩をしていたアーロンの目に飛び込んできたのは、たまたま通りかかった姫路駅前の貸衣装店に飾ってあった花嫁衣裳だった。

「あれは、何？」

「花嫁が式で着るキモノなの」


そう教えられたアーロンは、どうしてもカズコにそれを着てもらいたいと思う気持ちがおさえられなくなった。

「お父さん、僕はカズコにこの衣装を着てもらいたいのだけど」

「それは、ちょっと無理だろうね。衣装もかつら合わせもしなければならないし。でも、とりあえず聞いてみようか」

アーロンは閉った店のシャッターをどんどんと拳で叩いて貸衣装屋を起こした。その音に、何ごとかと御主人が店の奥から出てきた。

「なんでっしゃろ？」

アーロンは花嫁衣裳を指さした。

「はあ、花嫁衣裳ですがな。それが？」

カズコが事情を説明すると、

「えっ、式はあさって？　そんなむちゃなことを言われても」

アーロンが、ご主人を拝み倒したあげく、商談成立。

「しゃーない。ガイジンさんやからな」


なんとか話は決まった。だが、もう一つ問題があることに気づいた。花嫁が花嫁衣裳に文金高島田なのに、新郎が背広では釣り合いがとれない。

「お父さんにすすめられて、これまで見たこともなかった羽織袴を着ることになった。貸衣装店の主人がガイジンの僕にも着ることのできる特大サイズを選んでくれたのですが、袖も袴の丈も短かくてね」

大きな雪駄もアーロンの足に合うのがどうしても見つからず、貸し衣装屋の主人が、

「しゃーない。ビーチサンダルで代用でもしますか」

白い足袋はどうする？

「姫路に相撲取りがいるよって、聞いてみるわ」

靴の生活で、鼻緒に指をはさむ雪駄というものをはいたことのなかったアーロンは、試し

てみたのだが、歩くのに苦労した。前へ進もうとすればするほど、からだが後ろへいって足から抜けてしまう。結局、カズコの母がビーチサンダルに履きかえさせて、笑いの渦のなかで式が始まった。

いまでもその時の滑稽な写真が残っている。結婚式は世界遺産となった姫路城の下にある姫路神社で執り行われた。

「玉串奉奠《ほうてん》、三々九度の盃を初体験しました。事前にあわてて簡単なリハーサル

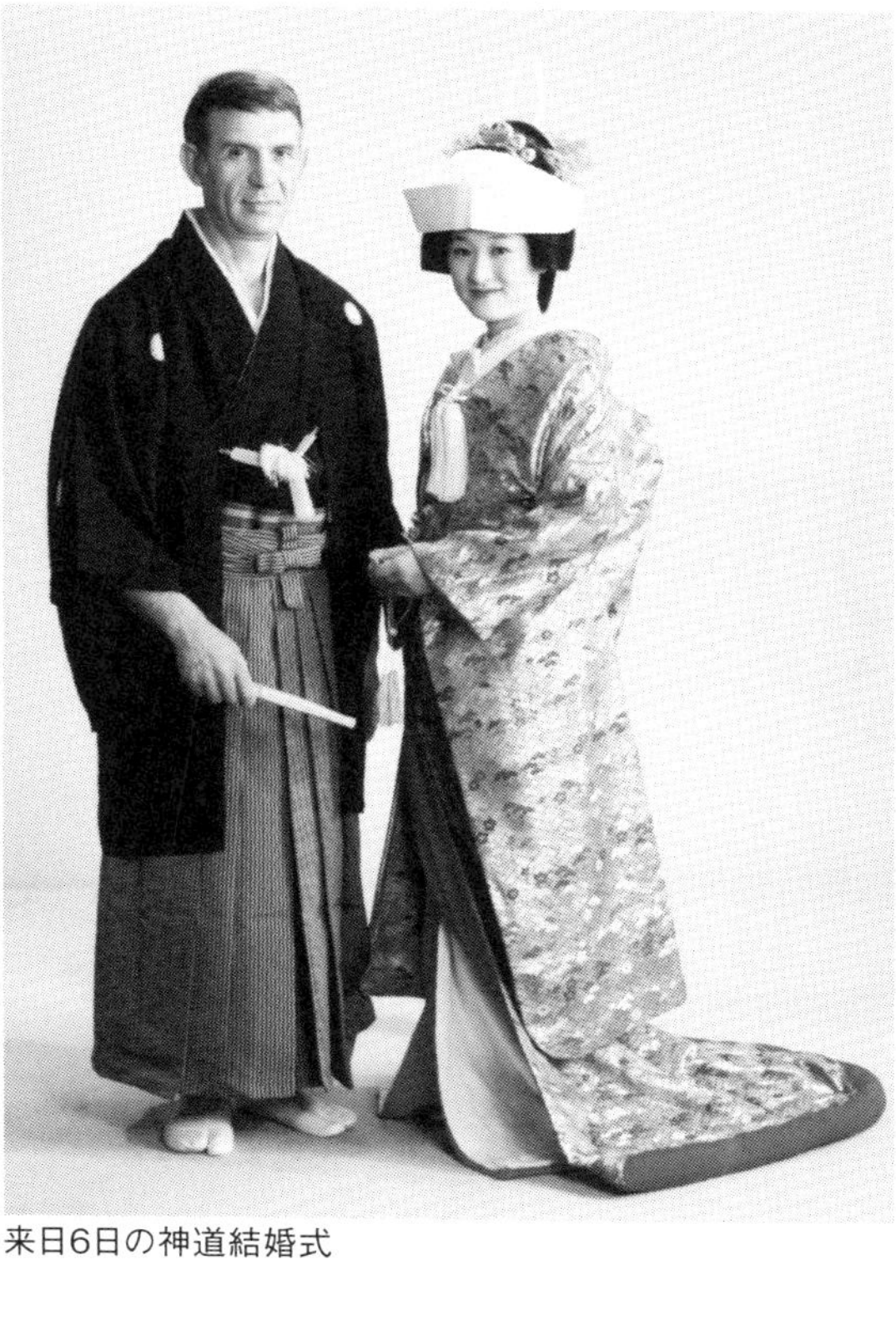

来日6日の神道結婚式

もやりましたが、日本に来てはじめての神道のセレモニーに心がふるえたのを、いつまでも忘れられません。いま思えば、日本人になるファーストステップだったのでしょうか。カズコは僕が頼み込んで着せた花嫁衣裳を着て人形のように可愛かった」

夏の暑い日、アーロンとカズコは、慣れない貸衣装の下で汗をかきながら、こうして夫婦になった。そのころには珍しい国際結婚カップルの誕生である。

普通は女性が男性の国に嫁ぐのが世の常識だが、いつもわが道を行くアーロンはその逆をいったわけだ。

歌舞伎役者の屋敷

アーロンが日本に到着してからというもの、すべては猛烈なスピードで進行していた。あまりにもカルチャーショックが大きかったので、余計そのように思えたようだ。

「とにかく、驚きました。これは日本にちがいないのだろうが、魔法にかけられているのではないかと自分の目と耳を疑いました」

というのも、カズコが用意をしていた「新居」は東京千代田区六番町の、築山の庭がみごとな３００坪もある広壮なお屋敷だったのである。

「カズコの叔父が買ったまま、まったく使っていなかったお屋敷のようでしたが、そんなことを知るよしもありません。新婚の僕たちが住むところがないと聞いて、しばらくなら住居兼オフィスとして使ってもよいと快く家賃もとらずに貸してくれたのです。カズコは紙に書いた住所と鍵をポンと手渡され、実際に行ってみると信じられないようなお屋敷で、びっくりしたそうです」

そもそも、歌舞伎役者の初代中村吉右衛門（１８８６〜１９５４）が建てて住んでいたところで、麹町でも有名なお屋敷だった。

大門から中の玄関まで15メートルほどの小径があり、玄関には北大路魯山人の釣り鐘がかかり、襖をあけると20畳ほどの和室が３つも続いたかと思うとその隣には立派な仏間。応接間には巨大なマントルピース、納屋には切り炭がぎっしり積まれ、閑静な茶室が２つ。歌舞伎役者のお屋敷だから、化粧部屋や衣裳を干す部屋もあった。別棟には、お手伝いさんたちが住む部屋、その向こうには土蔵が建っていた。

「もちろん、当時の僕には、こうした部屋や道具がいったい何なのか、何に使うものか、さっぱりわかりませんでした。襖の引き手は吉右衛門夫人である胡蝶さんのパピヨン（蝶）の図柄が彫られていたり、お風呂に続く脱衣場には葦で織られた簀の子が敷き詰められ、着物を脱着するために非常に大きなスペースがとられていました。まるで、文化遺産のなかに住んでいるような気分でした。とにかく、あの堂々たる姫路城のあとが、このお屋敷ですからね。のっけから、日本の文化が僕を引き寄せてくれるようなエネルギーを感じる毎日でした」

麹町近辺にもすこし慣れてきた頃、この屋敷をただで貸してくれたカズコの叔父に挨拶にいくことになった。叔父は終戦後の物不足の折りに、端切れからベビー服を作るというアイディアで一財産を築き上げた立志伝中の人物だった。カズコの叔父の店は船場センター街のど真ん中にあり、そのころまだ番台で算盤をはじく店員がおり、客は唐草模様の風呂敷に買ったばかりの商品を包んで背中に背負って帰っていく風景がみられた。モダンな東京の百貨店も、かつてはこういう呉服屋などから発展していったのだとアーロンは後に知った。

アーロンがスーツケースにいれてパリから大切に持ってきたディオールのネクタイとパトゥの香水をおみやげですと得意になって差し出すと叔父は、
「そんな高級なネクタイはワシには似合わん。かみさんも香水なんかつけたことがないよって無駄になる。もったいないから友達にあげなさい」
そして、「大阪で一番おいしいものごちそうするからついておいで」と言われたその先は、船場センター街の中のおうどん屋。そこで食べたキツネうどんは最高においしかった。

アーロンの前に現れたのは、正真正銘の浪花商人だった。庶民の食べ物であるキツネうどんを心から愛する人物が歌舞伎役者初代中村吉右衛門の広大な屋敷の持ち主であったこと。しかもそれを無償で貸してくれたこと。その虚飾のなさと大らかさに、日本人のとてつもない一面を知る思いがした。

近隣には、ローマ法王庁、ベルギー大使館、イスラエル大使館が建ち並ぶ、東京でも指折りの一等地だった。来日早々、普通の日本人には経験できないような異文化の、それも極めて特殊な住宅環境の中に、いきなり放り込まれたわけだ。

「ここに住んでいた人はどんな人だったの？」

「カブキのアクターよ」

「そもそもカブキって何だい？」

「日本の伝統芸能なの」

「オペラやオペレッタみたいなのかい？」

「うーん、舞台芸術だけど、ストーリー性があって、所作がとても美しいのよ。役者さんの動作に独特の間の取り方があって、それが粋につながっているのよ」

そう解説されても、当時のアーロンには何のことか、まったく理解ができなかった。


50歳を過ぎてスーツケース一つで日本にやってきたアーロンには、あたためているアイディアがあった。当然のことながら、まだ準備以前の段階で収入につながろうはずもない。構想を練りながら過ごしていたある日、アーロンは無心で広大な吉右衛門邸の庭の草抜きをした。1平方メートルごとに割り箸に張ったタコ糸で地面を区切り、ピンセットを使って一つ一つ庭の雑草を抜いていくのである。

「あら、あなた何をしてるの？」

あまりの徹底した草抜きにカズコは仰天した。

「ピンセットで根っこまで抜いておけば、また種が風に乗って落ちてこない限り、草は生えない。二度と草抜きしなくていいじゃないか」

彼の抜いたあとは北アフリカの砂漠のような乾いた土だけ。それは、まだ消えやらずに残るアーロンの「心の風景」だったのだろうか。

「でもアーロン、雑草の風情もすこしは残しておかないと」

初めて耳にする言葉だった。

「カズコが抜いた後にはまた草がすぐ生えてくるのですが、日本では自然の風情と共生することがいかに大切かを学びました。この国では、たとえ小さなスペースにも四季が訪れるということも、僕にとって新鮮な驚きでした」

その頃の麹町には、スーパーマーケットはまだなく、いろいろな商店が軒を並べていた。果物屋、八百屋、肉屋、魚屋、パン屋、文房具屋というふうに。アーロンは二番町にある魚屋をときどき覗いてみるのだった。珍しい種類のものばかりだった。そこで足をとめて魚を眺めている自分と同じガイジンがいた。

「珍しい魚ばかりですね」
「まったく。地中海では見かけない魚ばかりです」
「申し遅れました。イスラエル大使のエータン・ロンです」

魚屋つながりで、この大使とは近所づきあいすることになった。とくにやる仕事のない日には、英国大使館の横を抜けて、麹町から銀座まで、皇居のお濠のふちをしばしば歩いた。銀座のカフェではじめて、みつ豆なるものを食べ、うっとりするほどの甘さに、以来病みつきになった。ラーメンの味もはじめて知った。パリを想い出し、麹町で見つけたサンジェルマンというフランスパン屋に行った。バゲットは懐かしいパリの味がした。

「僕はサンジェルマンと書かれたバゲット用の細長い紙袋を捨てず、いつもそれをお店に持参していたら、それを見ていた日本人のお客もそれを見習うようになったものです」

倹約の精神は日本人にも共通であると知り、アーロンはうれしかった。

初めての懐石料理を食べたのは、カズコの知人に招待されて丸の内のビルの地下にあった料亭だった。アーロンは料亭の入り口に置かれた「盛り塩」を目ざとく見つけてカズコにその意味をたずねたが答えられず、彼女にとっては逆のカルチャーショックのようだった。

おとぎの国のように、小さな器にこめられた料理の美学に、お箸をつけるのもためらわれた。いちばん気に入ったのは、小さな器に入ったモズク。懐石料理にめぐりあって以来、アーロンは日本の器の虜にもなった。

アーロンを落ち着かない気持ちにさせたのは、どこへ行っても日本ではチップが不要であることだった。あれだけのサービスやもてなしを受けているのに、ほんとうにそれでいいのか。この文化の違いに慣れるまでかなりの時間がかかった。

日本人にとって当たり前のことが、アーロンには当たり前でなかった。

作家の三島由紀夫が、麹町に近い市ヶ谷の自衛隊の総監室で割腹自殺をしたのは、この年の暮れ、11月25日のことだった。

上空を旋回するヘリコプターのうるさい音がした。

「何が起こったんだい？」

「ミシマ・ユキオという作家がハラキリをしたんですって。さっきから、ニュースでさかんに……」

それを聞いてアーロンは言葉を失った。「こんなことが、いまどき起こるのだろうか？日本はまことに不思議な国だと大きなショックを受けました」

「人により国により死生観は様々です。しかし、一度しか生きられない人生を、儀式や美学やいさぎよさによって断つことを僕はとうてい理解できない。僕は極限の状態でも生きることを望んだ。たとえ暗い先に明かりが灯っていなくてもね。武士道はこの事件以来、僕の興味の尽きぬテーマになった。そして三島文学も翻訳で改めて読んでみようと思いました」

西洋と東洋は、アーロンの心のなかで、まだ混然としていた。それもそのはず、アーロンがいくたびも死線をさまよった経験は、まだ心と体から抜け切れていなかった。

第2章　脱出

北アフリカの夜

灼熱の太陽が照りつける北アフリカの砂漠の戦争で、ある夜、戦い疲れた彼は砂漠に寝転がって満天の星と月を見上げながら、戦闘服のポケットから一枚の紙きれと鉛筆を取り出し、まーるくゼロと書いた。

そうすると、不思議に心が落ち着いてくるのだった。

夜空の星々は広大無辺な宇宙の中にあって、人間の営みなど、まるで無関心なようすで瞬き続けている。人間は死んだらゼロになり、宇宙へ戻るだけだ。死など怖くないとそのとき思った。

ゼロをどう見るか。それは自分の心を映し出す鏡のようなものである。ゼロを「結果」と見れば、これほど怖い数字はない。命をなくすこと、愛する人を失って天涯孤独になること、無一文になること。しかし、ディアスポラの歴史を何千年も生き延びてきたユダヤ人にとっては、ゼロからのスタートは至極あたりまえのことなのだ。

ゼロはむだのない卵型のフォルム。彼は星と月の光に微かに浮かび上がるゼロを見つめながら、これほど美しい数字もないと思った。ゼロは無限の可能性を秘めている。ゼロがあるから1がある。ゼロがなければ1は存在し得ない。「ゼロから1までの距離は1から1000までの距離より長い」とユダヤ教の聖典タルムードに書かれていることを想い出した。これは真実だ。1にたどり着けばエネルギーは回りだす。ゼロの概念はその昔インドで生まれた。ゼロが無限のエネルギーを持っている証拠に1兆、1京という途方もない数も容易に表記できる。

「生きなさい」と、紙に書いたゼロの数字が語りかけてくるような気がした。アーロンは生きようと思った。なんとか生き延びることができれば、ゼロから大きな「未来」が広がる。そう考えると気持ちが宇宙に浮かぶ星々のように澄みきっていくのを感じた。極限の状況は、人間の心をどこまでも研ぎ澄ましていく。耳を澄ませば宇宙の声を聴くことだってできるのだ。

ゼロは怖くない。すべてはゼロから始まる。すべてを捨てなければいけないこともある。

そうすれば、新しい世界がひらけるはずだ。いや、そうしなければ、ひらけることはない。

古代中国にタオ（道）の思想というのがあることを後年、知った。人間が天地自然にそった心を持ち、行動をすることで、宇宙と一体になった自分本来の生き方ができるという哲学らしい。そんな彼はユダヤ人でありながら、サハラ砂漠の夜空を見上げながら悟ったのはタオの思想そのものだったようだ。

アーロンはいつも静かに運命を受け入れ、すべてを捨てた。

そこからまた、すべてが始まった。

脱出の朝

「あなた一人でもいいから逃げなさい」

アーロンの母は涙を目に浮かべながら言った。

「パレスチナへ行け。叔父さん一家がおっつけやってくる。面倒をみてくれるようお母さんが頼んでおいてくれたから」

叔父とは母ロジカの兄ベルクである。
父の言葉に、泣き顔になった妹のリジカはアーロンに抱きつき、キスをした。
「お兄さん、やっぱり行ってしまうのね」

家族会議が開かれたのは彼が18歳の１９３９年。５年前に誕生したヒトラー政権のドイツ軍がその年、ポーランドに侵攻して第２次世界大戦が始まるその数カ月前のことである。ナチはヨーロッパ全土をまたたくまに席捲し、祖国ルーマニアにもその脅威が迫っていた。アーロンの生まれたルーマニア第５の商業都市クラヨーヴァの町にもナチズムの暗い影は不気味にしのび寄っていた。

クラヨーヴァの町で彼の通っていたフラチブゼスチ高校は、起源をたどると中世の僧院までさかのぼる歴史をもつ中高一貫の名門校だった。裕福な家庭の子弟が多かったが、ナチが台頭すると生徒たちはその若さゆえ、鉄衛団と呼ばれるファシストグループに心酔するものが多く、たちまち学内もこうした空気に染まっていった。

ある日、血だらけの顔で学校から帰ってきた息子のアーロンを見た母親は驚いた。

「どうしたのその顔は？」

「学校でユダヤの豚と罵られて、喧嘩になったんだ。お前と同じルーマニア人だと言い返すと、相手は僕の顔につばを吐いてとびかかって来た。それで、殴り倒してやった」

「まあ、なんてこと」

母は、おろおろするばかりであった。このあと、両親は学校に呼び出された。

リンゴの木

ここに高校時代の写真がある。１９３８年撮影の写真だ。級友たちは白い帽子にボーイスカウトの制服を着て整然と行進しているが、なぜかアーロンだけが普通の黒い帽子に黒い制服で、どこかふてくされているように見えるのは、彼の反抗的なふるまいが、担任の先生をひどく怒らせてしまい、その罰を受けているせいなのであった。

ベルク叔父には彼より7歳年下のジャン・セヴェールという息子がいた。アーロンは彼を弟のように可愛がっていたのだが、この従弟も学校で同じような被害にあっていた。

アーロンはこの国にはもういられないと思った。

しかし、なかには見識をもった立派な先生もいた。国を出ることになったと挨拶にいくと、こう励ましてくれたフランス語の教師の言葉をアーロンはいまでも忘れない。

「君の前にリンゴの木がいっぱい実をつけている。腐って地に落ちたのを拾うのも君だ。おいしそうなリンゴをもぎとって食べるのも君だ。いいかね。チャンスは一回きりだ。決断したのなら頑張るんだ。アーロン、幸運を祈るよ」

眼にうっすらと涙を浮かべたアーロンの胸は熱くしめつけられるのだった

ただ一人、でも平然と行進するアーロン

これより先、故国ルーマニアのユダヤ人を待ち受ける悲劇的な運命を鋭敏に予知したベルク叔父は、一族が大店《おおだな》を構え、裕福に暮らしていたクラヨーヴァからいち早くすべてを捨てパレスチナに脱出する決断をしていた。

アーロンの一族の名前については、いまはドイツ領となっているポーランド西部の土地からやってきたのでドイツ的な響きをもっている者が多い。

「もとは曾祖父母の時代からポーランドに住むアシュケナジムと呼ばれるユダヤ人だったが、キリスト教徒からの迫害を逃れてルーマニアに移り住んだのです。ベルク叔父は、首都ブカレストから裕福な商家の娘を妻として迎え、繊維関係の事業を起こし成功していました」

ルーマニアは独特の文化をもつ国だ。怪奇映画では美女の血を吸うドラキュラ公爵の国としても知られている。ルーマニアは東欧で唯一のラテン民族国家だから、言葉もイタリア語、スペイン語などに近い。フランス語も親戚筋にあたるから、ルーマニア人にとってフランス語の習得は比較的容易だ。ただ、そこにスラブ的、東欧的、南欧的なものがまじりあっている。だから、どの人も個性的で、どこかスタンダードからはずれている。そこから、とてつもない個性ある才能が輩出される。たとえば、劇作家のイオネスコ、ピアニストのディヌ・リパッティ、指揮者のセルジュ・チェリビダッケなどがいる。

レベッカ祖母さんの願い

当時、ハプスブルク時代の雅《みやび》な文化も残っている東欧のユニークな国で経済的にも豊かな生活を送っていた一族の心は、西欧の華かな都市や文化に心ひかれていた。

「僕の家にはそんな経済力はなかったが、ベルク叔父などは首都のブカレストだけでなく、パリやミラノから最新のファッションを取り寄せ、子供たちにはフランス語や英語の家庭教師をつけていたのを覚えています」

ここにもう一枚の写真がある。雪の降る冬のある日。一族が大きな馬橇に乗っている。その服装からも当時の豊かな暮らしぶりがうかがえるだろう。小太りの御者は立派な髭をたくわえている。

「アガサ・クリスティーの探偵小説に登場する名探偵エルキュール・ポワロそっくりでしょ。馬橇に牽かれている小さな橇に乗り、小さな従弟のセヴェールをだっこしているのは僕です」

なんと楽しい冬の一日だったことだろう。しかし、そんな日々はもう再び訪れまい。

「ベルク叔父はイスラエルの地パレスチナに故郷の再建を願う筋金入りのシオニストでした。英国の委任統治領にあったテルアヴィヴにも戦前に購入した地所や不動産を持っており、すぐにでも一家を連れて移民する手はずを整えていたのです」

母がクラヨーヴァの町の中心地で経営する洋品店の開店資金を出してくれたのもこの叔父だった。

「むこうで大学に行きなさい。学資も叔父さんが出してくれるって」

「うん、行くよ。心配しないで。大丈夫さ」

叔父がこんなに親切にしてくれたのは、祖母のレベッカが死の床で息子のベルク叔父に「あなたの妹とその家族を頼みます」と言い残していたからだ。そのことを、後になってアーロンは母親から聞いた。

片道切符

出発の前夜、アーロンは革製のスーツケースにとりあえずの衣服や下着のほかに、大切なものを詰めた。父母の結婚証明書、自分の出生証明書、大学入学資格を証明するフランス語で記載されたバカロレア合格証、家族や学校での写真の入った小さなボール紙の箱。そして、なんとか入手することのできた渡航許可書とパスポート。そして両親からもらった20万レイも。これは叔父が用意してくれたもので、当時の約１０００ドルに

故国を脱出する19歳のアーロン

あたる大金であった。当面必要なものは上着のポケットに入れ、残りはスーツケースの内貼りの中に隠した。

晩秋だった。まだ街灯の灯る寒く薄暗い早朝、彼は家族に別れを告げると、コートの襟を立て、懐かしいクラヨーヴァの町を抜け、大切なものを入れたスーツケースを抱えて駅へ向かった。

「自分の革靴の足音だけがやけに大きく静かな舗道に響くのです。誰かが見張ってはいまいか、尾行されているのではないかと気が気ではありませんでした」

駅の待合室にある大きな振り子の掛け時計の針が朝の6時を指していた。切符売り場には電灯が灯っていたが、誰もいなかった。呼び鈴を押すと、中から眠そうな顔をした年配の駅員が出てきた。

「ブカレストまで1枚」

「往復切符ではないのかね?」

アーロンはもうこの国には戻らないと心に決めていた。

「はい、片道です」

そう答えると、相手は怪訝な顔をした。

ボスポラス海峡

現在、首都ブカレストまでは約3時間の旅だが、当時は5時間ほどかかった。その車内では、検札にやってきた車掌が切符とアーロンの顔を何度も見くらべた。

「僕はつとめて平然を装いました。当時、不法出国者も多く、当局が目を光らせていたのです。目つきの鋭い男がいれば、すべて秘密警察に見えてしまうのでした」

ブカレストからさらに3時間ほど、また列車を乗りついで黒海に臨む港町コンスタンツァに向かった。乗り込んだのは、前年の１９３８年に建造されたばかりのルーマニア船籍の客船トランシルヴァニア号であった。こんなに大きな船に乗るのは初めてだった。ちなみに同名の客船は英国船籍のものが2隻あり、それぞれ第一次世界大戦と第2次世界大戦でドイツの潜水艦Uボートに沈められた悲運の船名だが、それとはまったく別の船である。排水量6、７００トンの豪華客船で、１９４８年に「イスラエル」として建国される英国委任信託領パレスチナのハイファとルーマニアのあいだを月に2回運航していた。運賃は55ドル。通常運賃の2倍だった。

コンスタンツァを出港したトランシルヴァニア号は黒海からトルコ・イスタンブールのヨーロッパ大陸とアジア大陸を隔てるボスポラス海峡を抜け、マルマラ海、エーゲ海に浮かぶ美しい島々をかすめながら地中海に出て、それを南へ下るのである。

イスタンブールはバルカン半島とパリなど西ヨーロッパの都市を結ぶ夜行の国際寝台列車「オリエント急行」の始発点である。ボスポラス海峡の両側にはモスクの尖塔やお金持ちの別荘らしき瀟洒な館が建ち並ぶ。デッキに出て、白い波頭を立ながら大きな河のように流れる海を眺めていると、英国人らしいご婦人に声をかけられた。

「あなた、おひとりでご旅行?」

「はい」

「えらいわね。どちらまで?」

「ハイファの大学に行くんです」

「ご両親は?」

「国に残したままです」

女性は、答えに言いよどんだアーロンの顔を見て、事情を瞬時に察知したかのようだった。

「でも、あなただけでも……」と言いかけて、その女性は言葉をのんだ。

そして、笑顔を作るとこう言いながら、一冊のペーパーバックを差し出した。

「アガサ・クリスティーの『オリエント急行殺人事件』よ。５年前にロンドンで出版されたの。お読みになる？　読んでしまったから、もしよかったらさしあげるわ」

「えっ、ほんとですか？」

「ほら見える？　あの近くにオリエント急行の駅があるの」

そう言うと、女性は遠い目になり、カモメの飛ぶ波止場のあたりを指さした。


思いもかけず頂いたペーパーバックを持って船のキャビンに戻ったアーロンは、スーツケースから彼の宝物を取り出した。まず大切なお金がちゃんとあることを確認してから、一つ一つそれを眺めた。

家族の写真がある。ルーマニア王国クラヨーヴァ市役所が発行した父母の結婚証明書によれば結婚したのは１９２０年。新郎ヘルマン・ベルク・モリッツ、35歳。職業、商業。新婦ロジカ・シュヴァルツ、21歳。その翌年の１９２１年６月15日、アーロンが誕生し、２年後に妹のリジカが誕生している。リジカは町でも評判の美女だった。

このような身元を証明する書類がなければ、それこそ息子のアーロンは世界を流浪する根無し草になってしまう。

「そのことを気遣った母が、〈これを持っていきなさい。きっと役立つ時がくるから〉と言って、そっとスーツケースに入れてくれたのです」

母の機転が後々、アーロンが再スタートを切るのにどれほど役立ったか計り知れない。

高校時代の例の写真も持ち出した。白い帽子にボーイスカウトの制服を着て整然と行進して級友たちにまじって、アーロンだけが普通の黒い帽子に黒い制服姿で写っている一枚だ。わが道を行く、いかにも彼らしい写真だった。

キプロスの英軍将校

バカロレア合格証はフラチブゼスチ高校が発行したもので、「理科系の成績が優れており、大学入学資格を有する者であることを証明する」と、ルーマニア語ではなくフランス語で書かれていた。これさえあれば、パレスチナでも、いや世界のどの国へ行っても大学へ入ることができる。しっかり勉強しよう。アーロンの期待はいやがうえにも高まるのだった。ちゃんとした料理人の作る船の食事はうまかった。船上では舞踏会も開かれた。

ところがハプニングが起こった。何事もなければ５日ほどの航海の後にハイファの港に着くはずのトランシルヴァニア号は、どこからか現れた英国海軍の軍艦の臨検にあい、キプロス島の港に連行されたのだ。ナチス・ドイツ側に傾きつつあったルーマニアの船籍だったため、敵性国の船舶とみなされたようだった。

ナチのスパイがパレスチナにもぐり込むことのないよう、英軍はキプロスで乗船客の身元調査などのスクリーニングを行ったのである。

「君はユダヤ人だな」

「はい」

「いまに戦争が始まる。英軍のユダヤ人連隊に志願するつもりはないか？」

面接にあたった英軍将校は言った。

「考えさせてください。大学へ入るんです」

「どこか？」

「ハイファ工科大学です」

「あ、パレスチナのハーバード大学だな。英軍は君のような優秀な学生がほしい」

アーロンの心が動かなかったといえば嘘になる。

「とにかく、この英軍将校の制服がかっこよかったんだ。将校はオックスフォード大学の卒業だった。その彼に誘われたのだからね」

ハイファの輝く海

こうして、キプロスで3日ほど足止めをくったが、トランシルヴァニア号はついにハイファの港に到着した。太陽の光を受けて輝く海と温暖な気候。近代的な都市だった。

「ルーマニア内陸の、冬になれば雪の上を馬橇が馬車代りに走る地方都市から出てきた僕にとっては、すべてが新鮮だった。海に行けばいつでも泳ぐことができました」

テルアヴィヴまでは列車で1時間ほどの距離である。

歴史的にハイファは地中海の要衝の一つであった。7世紀までは東ローマ帝国の領土であり、そのあとペルシャ帝国、ついでアラブ人が支配した。1100年、これを奪還すべく遠征してきた十字軍に占領されたが、その後オスマン帝国の版図に組み込まれる。ナポレオン・ボナパルトの軍隊に占領された時期もある。

20世紀になるとシオニズムの高まりとともに、ユダヤ人の入植や移民が進んでいった。

「ベルク叔父もいち早く、そこに目をつけていたのだと思います」

1940年4月には待望のパレスチナ移民証明書を獲得することができた。これは、パスポートと同じ効力を持つものであった。しばらくすると、ベルク叔父の一家が、オッティリア叔母と一人息子のジャン・セヴェールを連れ、パレスチナ行きの最後から2番目の船でやってきた。一家は故郷クライヨーヴァでの豊かな生活と財産すべてを捨てた。

「屋敷を去りながら、後ろ髪引かれる思いで振り返り振り返り、涙にくれる叔母の肩を抱きながら、叔父は〈泣くな、いつかまた帰ってくるから〉と言ったのです」

結局、それは最後まで実現することはなかった。しかし、商才のあるベルク叔父は新天地のパレスチナでゼロから繊維の卸問屋を始め、再び成功する。

アーロンはこの叔父の世話で建国後は「イスラエルのハーバード大学」と呼ばれる、ハイファ工科大学「テクニオン」に同年9月、入学を許されたのだった。

「危機を察知するベルク叔父の鋭敏な直観と決断がなかったら、また、あのタイミングで僕が祖国を脱出する行動に出ていなければ、いまの生命はなかった」

ルーマニア全土では、38万人から40万人のユダヤ人が犠牲になった。この国のユダヤ人のおよそ半数である。


アーロンの両親と妹はその後、故郷クラヨーヴァの町を捨ててブカレストでしばらく暮らした後、さらにパリへ逃れた。

「幸運にも家族の誰一人、強制収容所送りになった者はいない。妹たちは道先案内人にお金を払いながら徒歩でウイーンの赤十字までたどり着いたのです」

しかし。父方の従弟の一人がブカレストの街頭で鉄衛団によって撲殺され、もぬけの殻となったクラヨーヴァの叔父の店にはピストルを持ったルーマニアのファシストたちが、「ユダヤ人の豚ども、死ね！」と叫びながら押し入ったと知らされた。
まさに間一髪の脱出劇だった。

北アフリカの砂漠で戦争が始まった

アーロンに生きる上の哲学があるとすれば、それは「あわてない、動じない、淡々として運命を受け入れる」ということである。一兵卒としてナチス・ドイツと戦ったサハラの砂漠では夜、満天の星を見上げながら、「僕はどこから来てどこへ行くのだろう？」と考えた。

いつも生と死が隣り合わせ。生き延びることができたのは、ただ運がよかっただけだったのかも知れない。「いま、ここに生かされている時間」こそ、宇宙が与えてくれた大きな贈り物ではないのか。死ぬにしても、その壮大な宇宙に帰るのだ」という思いが彼の心を落ち着かせた。

ロンメル「砂漠のキツネ」

「母上　僕はナチと戦うために大学を退学し、英軍のユダヤ人連隊に志願します」

アーロンはこんな手紙を故郷の母に送った。

キプロスで出会った颯爽とした制服姿の英軍将校の、〈いまに戦争が始まる〉という言葉が現実になったのだ。


ハイファ工科大学での学生生活は楽しかった。近くにいつでも泳げる紺碧の地中海が広がっていた。水着姿の若い女性たちがまぶしく、美しかった。だが、この学生生活も半年あまりで中断せざるを得なくなる。第二次世界大戦が始まろうとしていた。


1940年9月。街のキオスクに並ぶ新聞に大見出しが躍った。

「イタリア軍、エジプトへ侵攻」

アーロンは新聞を買うと、カフェへ飛び込んでそれを広げた。イタリア軍23万6千名が同国の植民地であったリビアからエジプトに侵攻したその第一報であった。しかし、ムッソリーニが送ったこの旧式な装備のイタリア軍は精鋭英国軍にたちまち撃退される。ムッソリーニはヒトラーに支援を要請。その命により北アフリカに急遽派遣されたのが、ロンメル元帥だった。

またの名を「砂漠のキツネ」。北アフリカ軍団を率いた神出鬼没の戦車戦は、英国軍を翻弄し続けていたのである。

英軍に志願

１９４１年5月18日、アーロンは学業をなげうって英軍第８軍に志願した。

ラムラの北西5キロほどのサラファンド・アル・アマルには当時、中東における最大の軍事基地があった。

配属されたのはRoyal Army Service Corps (RASC) と呼ばれる輸送部隊である。

「君は工学部の学生か？　それなら車の運転や機械の修理ぐらいはできるだろう」

上官のこの一言で、軍用トラックのドライバーとなるのだが、それまでが一苦労だった。

アーロンは自動車など運転したことはなかった。一兵卒からスタートした彼は自動車の運転を実地で学ぶことになった。

「アクセルとブレーキを間違えるやつがあるか！
などと叱られてね。クラッチのつなぎもスムーズにいかず、猛特訓を受けました」

こんな情けない状態が、しばらく続いたが、そのうちなんとか自動車を動かせることができるようになった。とにかく広々とした基地内である。障害物のない砂漠では、まっすぐ走ることさえできればよかったのだ。日本のように、狭い自動車教習所で縦列駐車のハンドルさばきに四苦八苦する必要は、なかった。

女王陛下の軍隊手帳

輸送部隊のドライバーとして、運転することができるのは、トラックのほか、自動車、オートバイ、その他、エンジン駆動の運搬車や重機などであった。

「補給戦」が勝敗を決する

「輸送部隊を馬鹿にしてはいけない。とりわけ広大な砂漠での戦闘では、弾薬や食料、水の補給が戦争のかなめなのです」

伝令の任務を遂行している途中、敵の戦闘機に狙われ、それをかわそうとして崖から軍用トラックごと転落した。命だけは助かったが顎に大きな傷を負った。助手席の相棒は重症を負い、軍のオンボロ輸送機で病院へ運ばれた。その途中、飛行機の扉がはずれかけた。アーロンはその取っ手を片手をのばしておさえ、もう一方の手で瀕死の戦友を抱きかかえたが、戦友は彼の腕の中で息絶えた。

アーロンもこのとき、鼻の下から上唇を切り裂かれる傷を負った。ここに1枚の写真が残っている。手術のあとしばらくして撮ったものだ。

「食料不足のため体は痩せこけ、髪の毛も薄くなっている。地面にかろうじて立っている感じだな。まだ23歳になったばかりなのに、いっきょに歳をとり、まるで老人のようだ。うっすらと口ひげを生やしているのは、唇の傷を隠そうと思ってね。この傷跡はいまも残っている。ほらここに」アーロンはそう言って、傷跡を見せてくれた。

兵士の生命をおびやかすのは敵機の銃弾ばかりではなかった。北アフリカの戦いでは、最大の敵は自然そのものであった。現地語で「ハムシム」と呼ばれる熱砂に巻き込まれ、生死の境をさまよったこともある。熱砂は人間の眼、鼻、耳、口をすべて覆って窒息状態にさせ、身体全体から水分を奪ってしまうのだ。もちろん、目の前はまったく見えない。

「熱砂地獄です。僕は、こんな恐ろしい体験をして、よく生きのびたものです」

兵士が戦うには、水だけでなく1日最低3000カロリーの食糧が必要だといわれている。これも輸送隊が運ぶからこそ兵士の口に入るのだ。食糧が底をつき、ピスタチオとパイナップルの缶詰だけで半年間食いつないだこともある。その影響でひどい胃潰瘍になり、バリウムを飲んだところ、その重さで胃に穴が開き、緊急手術を受けた。平和な時代になっても、スーパーマーケットでパイナップルの缶詰を見ると、胸やけがする。

「このときのトラウマがいつまでも消えない」

エル・アラメインの戦い

ロンメル軍団対英国軍。ノルマンディー上陸作戦より1年半前、北アフリカの砂漠で戦われた「世紀の戦い」である。

輸送部隊のアーロンたちが命じられたのは、ロンメルの目を欺くための巧妙な「オトリ」を陣地の中央と南部に配置することだった。軍用トラックに大量の弾薬箱を積み込み現場に着くと、それを地面に降ろし、積み木のように積み上げていくのだ。


「こんなものでどうかな？」

「それじゃ敵はだませないぞ」

「なら、もっと積み上げるか」

「それだけじゃだめだ。砂漠のオブジェだ。芸術性も大切だ」

重労働だったが、つらい戦争をやりくりするためアーロンたちはそんな冗談を飛ばしながら、弾薬箱でニセの軍用トラックをつぎつぎと作り上げ、大規模な車輌部隊が出来上がった。アーロンたちは、いかにも大切な給水ラインを守っているように見せかけるため、廃棄処分になった大量の銃器やニセモノの戦車をその周辺に配したのである。

1942年10月18日、上空を飛んだドイツ軍偵察機が英軍の仕組んだこの「不穏な動き」を確認した。「砂漠のキツネ」ロンメルは罠にかかった。

イタリア転戦のとき

アーロンが英国陸軍第８軍に入隊したとき、こんな質問を受けたことを覚えている。

「君は数学が得意かね？」

「ええ、まあ。工学部でしたから一応は。でも理学部数学科の連中にはかないません」

「そうか」

もしこのとき、胸をはって得意だと答えていれば、こんな重労働をしなくても暗号解読室に配属されていたかもしれない。すべて運命のなせる業である。おびただしい数の兵士が銃弾に倒れたが、アーロンは身を「ゼロ」にして生きのびた。

「でも、あの極限状態のなかで、生き残ることより、むしろ死の甘美な誘惑にひかれそうになる自分がいたことも告白しなければなりません」


しかし、連合軍がしだいに優勢となり、ロンメル軍団はエル・アラメインでついに敗北。兵員の半数以上が戦死、９割以上の戦車と火砲を失い、リビアを経てチュニジアまで２０００キロを敗走したのである。これがアーロンの経験した最初の戦争であった。

イタリアそしてセニョリータ

こうしてアーロンたちの英国陸軍第8軍は、1944年6月6日のノルマンディー上陸作戦から始まるヒトラーのナチス・ドイツに対する連合軍の勝利のお膳立てをしたのである。

「イタリアでは最後のほうになると、戦闘よりもむしろつぎつぎに増大する捕虜の管理に追われました。その合間にローマ時代の旧跡を訪ね、たちまち上手になったイタリア語で可愛いセニョリータをからかい、イタリアのワインや料理を楽しむかたわら、フットボールチームを結成して試合をするなどの余裕も出てきたほどだった」

ノルマンディー上陸作戦の成功で戦局は急展開をみせる。

1944年8月24日　パリ解放
1945年5月8日　ドイツ降伏
1945年8月15日　日本がポツダム宣言受諾
1945年9月2日　降伏文書調印

明日のことは誰にもわからなかったが、とにかく兵士として命がけで戦い、働いた。戦争の「かなめ」である補給戦で殊勲をあげた功績により、北アフリカ戦線で「アフリカ・スター」イタリア戦線では「イタリー・スター」という2つの勲章をもらった。その勲章たちは新たにアーロンの宝物に加わった。

後年、平和な日本で、エル・アラメインの戦いを知っていると言う青年に出くわした。

「砂漠での世紀の戦車対決でしょ？　大将はロンメルとモンゴメリーです。ビデオゲームになってますから。えっ、アーロンさんもそこにいたんですか？」

青年は、腰を抜かさんばかりに驚き、アーロンを畏敬の眼で見つめた。

「まさに、この戦いに参加していたのだと上唇の傷を見ながら説明してやりました。この砂漠で数十万人の兵士が命を落としたというのに、時代が変わればビデオゲームになるのかと、いささかショックをうけたことでした」

セピア色に変色した"Her majesty's troop"（女王陛下の軍隊）と記された英軍の軍隊手帳と、

最終階級は軍曹としての除隊手帳（１９４６年7月31日付け）が残っている。軍務に服した期間は5年と75日。アフリカとイタリア戦線には、３年と３２２日いたことになる。

つかの間の「戦後」

戦争を境に、どの人の運命も変わる。生き残っても、戦争のトラウマで戦後、心身喪失状態になったり、アルコールにおぼれ廃人同然になり、自殺をする者などがあいついだ。アーロンは、ありがたくない勲章ももらった。それは、唇の大きな傷と、胃にあいた穴だ。アーロンは戦争で弱った体力の回復に努めなくてはならなかった。だが、持ち前の冷静な性格のおかげで、なんとか精神の安定を保つことができたのは幸いだった。

しかし「戦後」はわずか2年間しか続かなかった。ふたたび戦争の日々が用意されていたからだ。

１９４５年9月20日、イタリアからパレスチナに帰るとすぐアーロンは21歳の女性と結婚した。

「僕は24歳になっていました。このときの籍はまだ英軍です」

１９４６年になるとユダヤ人過激派の反英闘争はますますエスカレートしていった。この年、叔父ベルクの一家は治安の悪化によるビジネスの不調で、パレスチナからパリへ移住することを決意する。シオニストであった叔父は、英当局から、不必要に目をつけられ、家宅捜索も受けたことがあり、事業にも悪影響が出ていた。

「君もいつかはパリへ来たまえ」

ベルク叔父はそう言い残し、再びすべてを捨て、アーロンの可愛がっていた従弟のセヴェールたちを連れて、テルアヴィヴを去っていった。

１９４８年イスラエル建国

この年の9月、建国にともなって創設されたイスラエル軍に入隊し、１９５０年に除隊するまで再び軍務についた。１９５２年、イスラエル国民法が制定され、アーロンはイスラエルの国民となった。

イスラエルには、1962年まで家族と住み、そのあいだに娘二人に恵まれ、大きなホテルのスポーツやイベント関係の仕事を得ることができた。国家的なスポーツ団体であるマカビスポーツ連盟に属し、水球、水泳、サッカーで身体を鍛えていたので仕事をやりながら、テルアヴィヴ大学の経済学部の聴講生になった。

「1962年といえば、米ソの冷戦まっただなかの時代でした。キューバ危機があって、テレビではケネディ大統領が演説していたのを覚えています。そんなある日、妹のリジカから国際電話がかかってきたのです」

妹はアーロンと前後して両親とともにルーマニアからフランスに脱出したのだが、その美貌でルーマニア時代にたちまち伴侶を見つけ、後にパリで香水の免税店を営むことになるやり手の事業家と結婚していたのだった。パリからリジカの懐かしい声がした。

「このところ、商売がぐっと上向きになって、猫の手もかりたいぐらいなの。お兄さん、手伝ってくれない?」

今回の戦争で、ユダヤ人たちはさらに世界各国に散らばることになった。彼らは生きるすべを得るために、新たな一歩を「ゼロ」から築いていった。

「ナチを逃れて故国を脱出した多くの人たちは、ポーランド系、ルーマニア系とグループを作り、それぞれの得意分野を活かし、繊維、金融、レストラン業、音楽、映画、宝飾、ファッション、ショービジネスなどに進出していきました。ルーマニア系は繊維関係が多かったが、僕の家族は香水店を営むためにパリに集結したのです」

モスクワ「ゴーリキー公園」

その頃、カズコは両親に別れを告げ、共産国のソ連へ旅立つ。

「僕が地中海の熱い太陽を浴び汗だくになってイスラエルで仕事をしていた頃、カズコは寒いモスクワへ。17歳だったそうです。オカッパの高校生だったカズコの度胸もさることながら、鉄のカーテンの向こうに旅立たせた両親もあっぱれです。そういう心の持ち主だから僕との結婚にも賛成してくれたのだと思います」

アーロンは後になって、当時の話を聞かされた。

米ソ冷戦下、一触即発のモスクワ。カズコはモスクワ大学で勉強しようと日本の外交官だった叔父のもとに身を寄せたが、外交官の家族は入学を許可されないと知った。そこで、各国の外交官が暮らすクツゾフスキー通りのアパートメントにロシア人の先生を招いてロシア語を勉強することにした。若いから、半年もすれば、生活するに支障がないほどロシア語が話せるようになった。

当時のソビエトは、綺羅星のごとく超一流の芸術家が活躍していた時代だった。寒い冬のモスクワは毛皮のコートが必需品で、共産国の自由が制限された生活ではあったが、そのなかで美術館や劇場に足しげく通い、ピアニストのオボーリン、バイオリニストのオイストラフの演奏を聴き、伝説のバレリーナ、ガリーナ・ウラノワが『ロミオとジュリエット』でみせる軽やかな飛翔にうっとりするような、芸術に関するかぎり、まことにうらやましい青春時代だった。

そんなある日のこと、ゴーリキー公園を散歩していると突然、ロシア人たちが「戦争だ、戦争だ」と口々に叫んで大騒ぎになり、クツゾフスキー通りの外交団アパートメントにとんで帰り、毛布などを窓に釘で打ち付けた。米・中央情報局（ＣＩＡ）の黒いＵ－２偵察機がソ連防衛軍の地対空ミサイルによって撃墜されたニュースが衝撃波のように駆け抜けた。スパイ機を操縦していたパワーズ大尉はパラシュート降下して生き残り、公開裁判にかけられ、スパイ行為を自白して有罪判決を受けたが、後にアメリカで逮捕されたソ連国家保安委員会（ＫＧＢ）少佐のスパイとベルリンで身柄を交換された。

アーロンとカズコは、それぞれの戦争を、それぞれの土地で経験した時代だった。おたがいに、新しい運命が待ち受けていることも知らずに……

第3章　運命の出会い

軍服を脱いで

戦争が人々を引き裂き、そしてまた結びつける。これを運命と呼ばずして何と呼ぶべきだろう。アーロンはパリで運命の女性カズコと出会うことになるのだが、まず当時の時代背景を知っておきたい。

1962年、アーロンはフランスに渡って妹リジカの夫が経営する香水免税店の仕事をするようになる。当時エッフェル塔のそびえる「花の都」パリには、この国が引きずるさまざまな「戦後」がくすぶっていた。第2次世界大戦後、フランスは植民地をつぎつぎに失っており、1954年、ディエンビエンフーの戦いで大敗退したのを機にベトナムから撤退すると、今度は同じ年にアルジェリア独立戦争が起こり、やっと終結したのがこの1962年だった。

パルファンの香り

フランスは、ド・ゴール大統領のもとで、次第に平穏となり、「花の都」パリはその面目を取り戻していく。そういう時代の空気のなかで、経済的にも気持ちの上にも余裕を持ち始めた人々の関心は、香水などの奢侈品にも戻ってきたようだった。

「当時、僕の働いていた香水免税店「リッツ（ＬＩＺ）」は本店がサントノーレ通りにあり、チュイルリー公園に面したリヴォリ通りやサン・ロック通りなど、ほかにいくつも支店がありました。『リッツ』という店名は僕の妹エリザの愛称からとったものですが、僕はこのチェーン店を統括する責任者になっていました。香水（パルファン）のほか、あらゆるブランドのファッション製品を扱い、パリを訪れる旅行者を相手にしていました」

ＮＡＴＯ（北大西洋条約機構）の指定店となっていたことから、パリを訪れるケネディ一族、ニクソンなどの政治家、有名なハリウッド女優なども上顧客だった。

「そのような大切なお客さまがお見えになると、赤い絨毯を敷きつめた社長室に招き入れてダビドフの葉巻と最高級のシャンパンでもてなすのです」

ケネディ大統領のいちばん下の弟であるエドワード・ケネディー上院議員の夫人も上客の一人だった。

新たな戦場

そんな高級感漂う店へ、ちょっと異質な東洋人が最初はぽつぽつ、しだいに加速度的に数を増して訪れるようになったのは、1964年頃からだっただろうか。

「それまで、僕は日本人と実際に会ったことがなかった。それで最初、中国人かと思ったのです。ところが、〈ノーノーノー。アイアム、ジャパニーズ。トーキョーオリンピック、トーキョーオリンピック〉と聞いて日本人だとわかりました」

これがほんとうに、ナチス・ドイツやムッソリーニのイタリアと枢軸同盟を結んでわれわれ連合軍と戦った日本人なのだろうかとアーロンは思った。戦争の宣伝用の漫画などでは、眼のつりあがった、いかにも残虐残忍な姿に描かれていたのが、実際は陽気で気の良さそうなおじさんばかりなのであった。東京オリンピックが開催されたのは1964年のことである。

「知らなかったのですが、日本では、この年の４月に海外観光旅行が自由化となり、第一次海外旅行ブームが始まっていたのです」

これに対応するため、パリの観光客相手の店では「ヴァンドゥーズ」と呼ばれる女性の通訳兼販売員を募集し、日本人客専門の販売部を急設していた。リッツも例外ではなかった。

「ある日、僕が店に出勤すると、利発そうな、若い東洋人の女性が事務所の机の前に座っているではないですか」

そこでアーロンが、あの人は誰かと社長にたずねると、こんな答えが返ってきた。

「日本人で名前はカズコ・ヤマカワ。紹介者もしっかりしているし、面接してヴァンドゥーズに採用することにしたから頼むよ」

そして一枚の紙をアーロンに手渡した。

「これが経歴書だ。読んでおくように」

年齢は25歳。東京生まれで17歳の時にモスクワに渡り、３年後に帰国。姫路の町にできたネスレコーヒーの工場でスイス人の工場長秘書を3年。東京オリンピックでは、ロシア語の通訳をつとめるなかで、ソビエト選手団のあいだに突然走った動揺から、フルシチョフ首相の失脚をいち早く世界の報道陣に知らせた、その日本人女性の経歴書には紹介者として、「フランス柔道の祖」と呼ばれる川石酒造之助《かわいしみきのすけ》という日本人柔道家の名前が記されていた。パリ警視庁でも柔道を教えていた人物だ。

「統括責任者のアーロン・メロンです。ロシア語はできるようだけど、フランス語はできますか?」

アーロンは初対面のあいさつがわりに、意地悪く英語でたずねた。すると、あっけらかんとした笑顔の返事が上手な英語でかえってきた。

「ロシア語もすぐできるようになりました。フランス語も実地でやればいいので、ご心配にはおよびません」

アーロンがあとから本人に聞いたところでは、「気むずかしそうな人」というのが第一印象だったそうだ。それも、もっともな話だったかもしれない。生意気そうな彼女の鼻っ柱をまずぺちゃんとへこましてやろうと、アーロンはこの仕事がいかに大変であるかについて説教をはじめていたからである。

「いいですか。売り場に立つのだから、目の前に並ぶ商品のブランド名をすべて覚えていなければならない。香水の瓶はみんなサイズが同じだと思ったら大間違いだ。したがって価格も違う。香水だけじゃない。オーデコロン、オーデトワレやサボンもある。50万円のクロコダイルのバッグがあれば、10万円のライターもある。全部のアイテムを数えたら１０００はかるく超える。香水の名前とサイズだけでも３００種類はあるんだよ」

　それだけではないと、アーロンはさらにおどしをかけた。

最強の日本人部隊

「支払いにトラベラーズチェックを使いたいというお客様もいれば、現金払いもあるから、ドルやフラン、円などの通貨が飛び交うんだ。だから、商品の価格を、それぞれの通貨で支払うといくらと即答できなければいけないんだ。できるかな？」

「はい。できると思います。なんだか面白そう」

涼しい答えが返ってきたので、いささか拍子抜けしたことをアーロンは覚えている。実際、その言葉通りにカズコが仕事をマスターするのに、さほど時間はかからなかった。カズコは販売の仕事ははじめてだったが、水を得た魚のように、売り上げをどんどん伸ばしていった。

「最初、カズコともうひとり採用した日本人の男性スタッフは服部紀一郎君といって、ファッションデザイナーとして頭角を現す高田賢三の親友でした」

このユニークな2人でスタートした日本人部は、半年もするとスタッフが10人近くに増えていた。カズコはいつもそのリーダー格だった。

ノーキョーさんの「パリ入城」

日本からは皇族も訪れた。

ちょうど田中角栄の「日本列島改造論」（１９７２年）が大ブレークする前夜だった。「ノーキョーさん」と呼ばれる田畑を売り払って大金持ちになったニューリッチの人たちが何台ものヨーロッパ大陸横断バスを連ねて、１００人、２００人、３００人という単位で続々とパリに「入城」してきたのである。

「日本人客はハラマキに札束を隠して買えるものをありったけ買いつくしていきました。店の中には、他人に見られることなく、そこからお金を取り出すためのコーナーまで作ったのです」

というわけで、そこかしこに札束が飛びかった。

「お札は体温で温められていたせいか、ほのかに温かかった」

その頃の日本人客に人気があったものの一つにカルチエやデュポンの金やプラチナ製ライターがあった。ふたを指ではじいて開け閉めするたびに、カチーン、カチーンと金属の重厚な音が響くのが魅力で、普通のもので1個3万円、金張りのものには10万円の値札がついていたが、これを全部ほしいという客もいた。

「ライターだけで60万円のお買い上げでした。ブランドもののネクタイや、50万円近くするマダガスカル産クロコダイルのバッグなども飛ぶように売ましたね。ブランドのネクタイやスカーフは、10枚、20枚の単位で売れていた。当時は電卓もなくソロバンと筆算。いっきょに100人近くのお客さまが押し寄せ、それを限られた滞在時間の中で、包装からおつりの計算までのすべてをこなさなくてはならないのですから、まるで戦場でした。目の前を商品が飛び交ったのです」

しかし、メインの商品はあくまで優雅な香水である。あまりの忙しさにたまりかね、「メルド！」（こんちきしょう）などと汚い言葉を吐く女性スタッフからは、そのたびに罰金として5フランまきあげた。なにせ、「バル・ド・ベルサイユ」「ジャンパトゥ」「ジバンシー」「グレ」「バレンシアガ」「マダムロシャス」「イヴサンローラン」などの高級銘柄がずらりと並ぶ店内である。そんな言葉をお客さまに聞かれたら大変なことになる。社員のしつけや教育もアーロンの仕事だった。

社員教育といえば、これらの香水をお客様の年齢や雰囲気にあわせて選び、買って頂くためには、すべての香水の匂いや特徴を知りつくしていなければならなかった。そういった指導もした。日本からやってきたカズコは、それをあっというまに覚えてしまった。日本の免税枠は、香水なら価格に関係なく、２オンスときまっていたから、お土産用にするのなら、もっとも効率よく、賢いお買物をして頂くためのアドバイスをするのも、大切な仕事だった。

日本人観光客で忘れられないのが１９６８年のパリ五月革命である。ベトナム戦争や「プラハの春」事件などに反対する学生たちがカルチェラタンを占拠してデモをくりひろげ、これに労働者も加わって１千万人規模のゼネストに発展し、パリの街はマヒ状態に陥った。サンジェルマンやカルチェラタンのブールヴァールの街路樹が切り倒され、ガソリンを撒かれて火をつけられ、舗道の敷石がはがされ、警官への投石に利用された。ゼネストは第２次世界大戦以来の危機だといわれた。

日本人観光客が宿泊していたホテルでも電気が止まり、交通機関もストップ。商店も閉店してしまい、彼らはすがるように日本人部のあるリッツの店へやってきたのだった。店の電気も止まっていたが、ガスバーナーを明かりにしてなんとか営業を続けた。カズコは、店の片隅でキャンピング用のガスコンロを使って、お米を炊いておにぎりを作ってお客さまに配ったのであった。

「ありがとう、ありがとう」

感激した客は別れのとき、バスの窓から手を振った。アーロンも手を振って見送った。日本に帰ったお客から、お礼の手紙がたくさん店に届いた。

1ヶ月も続いたゼネストで街中はゴミの山と化した。

もうひとつの「補給戦」

日本人観光客のマナーはお世辞にも洗練されているとは言えなかったが、素朴でやさしく人なつっこく、アーロンはそのスマイルにいつも癒される気がした。五月革命のときにはこちらが炊き出しをしたが、いつもは出発の際など、自分たちが食べるために持参した梅干、塩昆布、海苔、おせんべいなど、すべてを置いていってくれたものだ。

「営業時間が終わり、こうした日中の熱狂が過ぎても、もう一仕事やらなければならなかった。店をしめるとすぐ、会計チェックと棚卸《たなおろし》です。各国の通貨は売上伝票と突き合わせてチェックし、紙幣は無造作にクリップでたばねていきます。棚卸も大変な仕事でした。なにせ、１日で１０００点単位の商品が売れていくのですから、こうして在庫をチェックしていないと、たちまち商品が足りなくなってしまうのです」

北アフリカの戦争と同じだった。大規模な戦闘があると弾薬がたちまち消費される。その量を正確に把握して補充する。次なる大きな作戦にさらに補充が必要なら、それを手配し、広大な砂漠の中を、敵機の襲撃をかすめて運び込まなければならない。

もっとも、パリの店は砂漠にあるわけではなかったから、売れた分はすぐメーカーに発注すればよかったが、コンピュータのない時代だから在庫の確認はすべて手作業でおこなわなければならなかった。
「閉店後、スタッフ全員で倉庫に入り、伝票片手に商品の数を数えていくのです。この作業は一見非効率だが、何が売れ筋で何が売れ筋でないのか、目で確認し、手で触れることで、理屈だけではない仕入れの勘を養うことができる。じつは最も効率的な方法だったと思う。コンピュータはいくらでも数字の操作は可能ですが、実際に手で数えたものはごまかすことができません。旧式だが、もっとも安全確実なやりかたです」

棚卸といえば、日本からやって来たばかりで、まだ新米のカズコが、とんでもないことをやってのけたことがある。

どんな店でも、売れ残る商品はかならずあるもので、じつはいくつかある店のひとつの地下倉庫には、売れ行きがはかばかしくない香水が山のように積まれていたのだ。その名も「ソルティレージュ」「プランス・アルベール」「ベティベール」「フリュ・ド・ロカイユ」など、パッケージはどれもフランスの古き良き時代を彷彿とさせる可愛いものばかりがほこりをかぶっている。

しかし、カズコの目にはこれが宝の山に映った。

「わたしにアイディアがあるの。まかしといて」

毎日毎日、仕事が終われば地下室に入り、１０００個ほどある古ぼけた香水箱のセロファンを丁寧に一箱一箱はがし、きれいな包装紙でラッピングをして、可愛いリボンをつけて店頭に並べたのである。「お客さま。フランスの古き良き時代のアンティークの香はいかがでしょうか」というセールストークをつけるのを忘れなかった。これが、大ヒットし、もてあましていた在庫の山が、あっという間に売れてしまった。

「やるじゃないか」

「まあね」

周囲のフランス人たちは、呆気にとられていた。

牛の脳みそと梅干

アーロンは日本人女性の持つ繊細な感性と知恵におどろかされた。

「私にとってはアイロンかけみたいなもの。眠っている商品をアイロンをかけるようにして再生させるの。魅力を引き出し、蘇らせるのよ」

そんなカズコに同志愛のようなものを感じはじめている自分にアーロンは気づいた。

気むずかしい支配人アーロンとおてんば娘カズコ

「僕たちはいつしか、忙しい仕事の合間、店の片隅にすわり込んで食べるランチを交換する仲になっていました。カズコは自分で作ったおにぎり。その中に入っている梅干しが、僕の大好物となりました」

アーロンのランチは母親が作ってくれたサンドイッチである。

「おいしいわ。ところで中にはさんであるのは何なの？」

「聞かないほうがいいと思うよ」

「何なの？　もったいぶらないで」

「じゃあ教えてあげよう。牛の脳みそさ」

「えっ、うそでしょ！」

カズコは卒倒せんばかりに驚いた。

牛の脳みそばかりでは可哀そうだと思い、新鮮な生牡蠣をならべた大きな白い皿をカズコのアパルマンのドアのところに置いて、そっと立ち去ったこともある。

団体客を「ハイジャック」

カズコのやっていた仕事は店の中ばかりではなかった。どんなに夜遅くとも、日本からの航空便が到着すると聞けば、お客さまを空港まで出迎える。鉄道でパリに入ってくるお客様もある。そんな時には、北駅、東駅などへ、ライバルの店にお客さまを取られないよう、ボディーガードを兼ねた運転手に車を走らせて駆けつける。先手必勝である。ツアーの添乗員に他店より有利なコミッションを提示して、団体客をわが香水免税店「リッツ」に誘導するのが目的である。いわば、団体客をバスごと「ハイジャック」するのである。ドーバー海峡を越えてロンドンのヒースロー空港やベルギーのブルッセル空港へ飛ぶこともあった。大きな団体客を一網打尽にすることができれば、航空運賃など問題ではなかった。

時代の波に乗って、店は大繁盛した。アーロンの義弟で社長のアドルフは、パリの有名なクラブ「オスマン」の常連だった。仕事を終えてディナーをすますと、正装に着替え、一族をしたがえてドーヴィルのカジノに出かけることもよくあったが、軍隊あがりのアーロンは、どうしてもそうした生活になじむことはできず、静かに本などを読むほうが性に合っていた。

パリにいた当時、ジャン＝ポール・サルトルやシモーヌ・ド・ボーボワールなど実存主義哲学の作家はまだ現役で、本好きのアーロンはすこしでも時間があると街のリブレリ（書店）を覗くのを無上の楽しみにしていた。そんなある日、サルトルの本のなかに「人生は投企（プロジェ）だ」という言葉を見つけ、その通りだと思った。

何かに向かって踏み出さなければ何も成就しない。人生はすべて保証のないところに向かって出発する。見えない先に投企するのだから結果などわかるはずがない。結婚もある意味で投企といえる大きな賭けだ。おたがいのためにゼロからスタートを切る。

仕事に疲れるとよく愛車のシトロエンでドライブした。助手席の相棒は憎まれ口をたたいてばかりいるカズコだった。時々、ノルマンディーやブルターニュなどの田舎に連れ出して息抜きをさせようと思った。愛が芽生えはじめていたのかもしれない。だが、まだまだ立場は上司、あくまで恋人未満の関係だった。

あとから聞かされたが、カズコにはその頃、「凄腕のセールスレディーがいる」と聞きつけたオランダの宝石店やスイスの高級時計メーカーから「家も車も用意するから」と驚くような好条件でヘッドハンティングをかけられていたのだという。しかし、カズコがその誘いに乗らなかった。

そんなカズコが日本へ帰ると突然言い出したのは、パリの店にやってきてからちょうど3年後のことだった。アーロンは驚き、なんとか引き止めようとしたが、その決意は固かった。

「モスクワにいたのも3年。ネスレに勤めたのも3年。ちょうどいい時期だと思う。パリでもやるだけやって完全燃焼したわ。3年周期の私なのよ。こんどは日本にもどって新しいことに挑戦したいの」

そう言い残してカズコは去っていった。

アーロンはひとり取り残され、妻との結婚生活には秋風が吹き始めていた。彼は自分の心に大きな穴があくような空虚感に見舞われた。

「運命とは、もっともふさわしい場所へと、あなたの魂を運ぶのだ」

アーロンは好きなシェイクスピアのこの言葉をかみしめていた。

それならどこへ？

アーロンは何もかもを人間の欲望の対象にするヨーロッパ文明に、いささか疑問を抱き始めていた。エッフェル塔のそびえる人工美にあふれた花の都パリは、はたして憧れの地だったのだろうかと自問するようになった。

妹の主人の店は繁盛し、本店及び支店の統括責任者として経理や人事をまかされ、地位も収入もそれなりに満足のいくものであった。ブールヴァールに面した瀟洒なアパルトマンも持っていた。しかし、それでもなお、フランス人の社会になじめなかった。ハイソな生活とも距離をおいていた。

華やかで、きらびやかで、虚飾にまみれた生活はアーロンの気持ちをいら立たせた。言ってみれば、コンクリートより木、石畳より土の優しさを、心の奥深いところで求めていたのだろう。

人間の生死をうんざりするほど見つめ、沸点に達したような生き方を常に強いられてきたアーロンは、その対極の世界を求め、静かで落ち着いた人生の模索を始めていた。

そんな悶々とした日々を送るアーロンの前を、たくさんの日本人が通過して行った。彼らの笑顔と優しい物腰こそ自分の求めていた「木」であり「土」であると直感した。

「僕は自分に正直だ。自分を愛している。だから自分の人生をどう生きようが、結果がどう出ようと誰の責任でもない、僕自身の責任だと思う」

こうしてアーロンの日本行きの決意は揺らぐことなく固まった。

第4章　セレンディピティ

50歳「異国で起業」

アーロンが自分の意志で最後の目的地を見定め、降り立ったのは、戦後の復興期を迎え、豊かになりつつある日本だった。

東京探索のために散歩の裏道マップを作り、自宅から徒歩2時間圏内を歩き回った。舗装してない裏道は、敷石で覆われたヨーロッパの都市や乾いたアフリカの砂漠とは違い、足にも心にも優しかった。その先で、めずらしい日本の風物にも出会う。アーロンは、この空気や風をずっと大切に感じていたかった。

ある日、小さな神社を見つけて鳥居をくぐり、参道脇の「手水舎」で手を清めたとき、憑き物が落ちるような不思議な気持ちに襲われた。これで、過去50年の生活ときっぱり決別できると思った。

「靴の下の柔らかい土のように、人間関係もそのクッションがあるおかげで、ぶつからない。自分のことしか考えない西洋のエゴはそこにはない」

人道主義や博愛主義をいかにも美しく掲げながら、いざ事が起これば牙をむく。アーロンはそうした世界がどうしても肌に合わなかった。

「たとえば、パリの新聞のカリカチュア（風刺漫画）を見てごらんなさい。２人の人間が向かい合って、ta, ta, ta（ちがう、ちがう）と言いながら、指を突き出し、いつもボヤキ、不満をぶつけ、批判をしている。いやですね」

東京に慣れてくると、アーロンは銀座を歩く女性たちの服装もどこかあか抜けて見えるようになってきたことを見逃さなかった。

「日本の女性たちが、これから求めるものは何だろう？　ワンランク上のヨーロッパのファッションや、日本ではまだめずらしい雑貨や装飾品を輸入してみてはどうだろうと、妻のカズコと話し合いました。パリの免税店リッツで一族といっしょに戦い抜いた情熱と経験が生かされる。僕はそう思ったのです」

東京にもパリの風が

「東京の街に、これまでとは違った花が咲きはじめていた。戦後のパリで感じた風景や風と同じでした。その花の地上からは見えない根っこの部分をつかまえて、時代とともに変化する消費者の嗜好を先取りすることができれば、かならずビジネスになると確信しました」

じつを言えば、アーロンが日本へやってくる1カ月ほど前までに、カズコは父親の山川進造から30万円を借りて小さな会社をすでに作っていたのだった。社名は、フランス語の山(mont)と川(rivière)からとって、読みやすく、なじみやすく「モンリーブ」とした。これも父、進造の命名だ。

「慶應義塾の経済学部の卒業し、ダンスなども上手で、じつに粋な教養人でした」

2人が日本でなんとか生きていくためにカズコはカズコで何か仕事をしなければと必死で考えていた。それは、なんと街道筋のガソリンスタンドで、紙おしぼりと麦茶パックをセットにして売るというアイディアだった。

「日本に本格的な高速道路時代が到来すれば大きなビジネスになるかもしれないと考えたようです。ところが紙おしぼりを作ろうにも、当時は不織紙がまだなかったようです。そのため、チリ紙のあいだに綿をはさんで、霧吹きでそれを湿らせ、香水をふりかけるなどの実験を重ねた。でも、けっきょくうまくいかず、断念したと聞きました」

モノにはならなかったが、「アイディアと工夫」のカズコの面目躍如たるエピソードである。

そんな試行錯誤もあったが、アーロンとカズコはよく話し合い、創業時は当時まだめずらしかった西洋雑貨の輸入から始めることにした。

「とにかくやってみることさ。３年もちこたえたら、この会社はとんでもないものになるよ」

カズコの父、山川進造は娘夫婦を励ますことを忘れなかった。

イタリアへアーロンが単身飛び、ミラノの展示会でマリオッティ製のハンドバッグのサンプルなどを買ってきたのが最初の買い付けだった。自分の目と感覚を信じ、売れる売れないの結果を意識せずに選んだものが、思いもよらぬ良い結果につながった。

「サンプル代にわずかな資金をほとんど使いはたした私たちは、その当時、大卒の初任給に準じて3・5万円。2人あわせて7万円の生活でした。大好物のラーメンと、具をいっぱい入れてふくらませたお雑炊とサラダを、かわるがわる食べていました。それでも夢いっぱいで楽しかった」

このマリオッティ製のハンドバッグは、サンプル選びに命を懸けた甲斐があり、注文が20個、30個と増え続け、ヒットを放った。

単座の戦闘機乗り

「パリの免税店リッツで働いた2人の共通体験が大いに役立ちました。当時、オートクチュールやファッションの世界では、大きな商社や輸入業者が幅を利かせていて、僕たちのように個人的な嗅覚やセンスを売りものにする単座の戦闘機乗りのような買い付け業者は、まだその頃の日本では珍しかったのです」

いまでこそ、何でもかんでも個人輸入ができる時代になったが、当時は百貨店にさえ海外から買い付ける専門のバイヤーはいなかった。そのため、大手の百貨店から要請され、バイヤーという仕事がいかなるものか、そのノーハウを教えた。こうした百貨店がパリなどに進出するときにも、アーロンは仕入れや開店のノーハウにつきアドバイスを求められた。

アーロンとカズコが日本における個人輸入のパイオニアだったといえる。

１９７２年、フェイラー社と取引も決まったアーロンとカズコは、イタリアやフランスのファション製品を買付けるためにミラノの展示会に足を運んだ。帰りに、イスラエルとパリの家族に会い、聖地をめぐる出張予定を組んだ。

パリに到着した朝、新聞を読んで仰天する。日本赤軍を名乗る岡本公三という青年がテルアヴィヴのロッド国際空港で無差別に26人を殺害する乱射事件を起こしたのだ。５日後にイスラエルに行く予定を立てていたアーロンたちの驚きと恐怖はひとしおだった。

「カズコは朝食のテーブルで新聞を読む僕を見て、泣きながらアイムソーリーと謝るのです。日本人としていたたまれない気持ちになったのでしょう。ソフトターゲットが狙われました。

空港で無差別に銃を乱射するなど前代未聞のことでした。日本人によって、一つのテロのかたちが〈発明〉されたのです。正直なところ、好意的だった僕の日本人観も修正を迫られましたね」

　こんなことが先々起きなければと、アーロンは若者たちの荒れすさぶ世の中に危惧を持った。戦争を体験しているアーロンたちの世代は人の命の重さを痛いほど知っている。だから簡単に、しかも、無差別に人を殺める世相に慄然とした。せっかく復興しつつ平和な世の中に戻ろうと国民は努力をしているのに、若者の心の底によどんでいるフラストレーションを社会は見抜けないでいる。

　イスラエルに着いたアーロンたちは、気を取り直し、聖地をたっぷりめぐった。カズコは最後の日、イエスがユダに裏切られて捕らえられたとされるゲッセマネの園を見下ろす丘の上で、聖地のオーラに感極まってまた泣いた。たがいに思い出深い買い付け旅行になった。

運命の一言

「モンリーブ」は面白いものを見つけてくるという評判がしだいに立つようになり、「ショールーム」として使っていた中村吉右衛門の応接室にデパート関係の人たちが訪れるようになった。後に三越の社長会長をつとめ、日本百貨店協会の会長になった市原晃さんもその一人で、当時は仕入部長だった。ミスター市原はカズコの父とは慶応大学の学生時代からの親友だったから、特別に目をかけてくれたのかもしれない。

扇風機がまわっていたから、あれは夏だったのか。いつものように、吉右衛門の屋敷の「ショールーム」にお通しする。


「いやー。毎日暑いね」

「どうぞ、これ召し上がって下さい」

カズコが冷たく冷えたスイカとおしぼりを出すと、市原さんは驚きの声をあげた。

「これはきれいだね。いやー、素晴らしい色と柄だね」

「シュニール織といって、昔ベルギーに二人で旅行した時に買ったもので、タンスの中に大切にしまい込んでいたのですが、きょうはじめて取り出したんです」

「大切なものをありがとう。いや、じつに美しい」

後に大きく成長する「フェイラー」ブランドのビジネスは、市原部長のこの一言なくしては始まらかった。

「どこで作っているの?」

「はあ、そこまではちょっとわかりません」

おしぼりに使われた布は、タンスのなかに再びしまわれてしまった。

ベルギーの夏

そもそも、このタオルは、1968年の夏、カズコといっしょにバカンスに行ったベルギーの最北東、オランダ国境近くのクノック・ヘイストという町で買ったものだった。

波打ち際に彫刻が飾られた海岸通りの向こうは北海だ。おしゃれな高級ブティックやレストラン、カフェが建ち並ぶベルギー屈指の観光地で、カジノも楽しめるヨーロッパの高級リゾート地のひとつである。

「あら、すてき」

名物のワッフルを食べながら、ある店のショーウインドーをなにげなくのぞいていたカズコの目は、ガラスの向こう側にある、１枚の美しい織物に釘づけになった。

一枚の布との運命の瞬間だった。

黒地に赤いバラと黄金色の鳳凰。当時、アーロンたちが住んでいたパリでも見かけたことのない、色鮮やかな柄だった。西洋の「バラ」と東洋の「鳳凰」がみごとに調和した奥深さにひかれたのだと、カズコはあとになってアーロンに打ち明けた。モスクワ時代にボリショイ劇場に足繁く通い、舞台の緞帳の重厚な織りぐあいや色調を知っているカズコは、ロンドンやパリでも芸術や文化の香気に触れている。それが、毎日使う織物からも感じられた。ショーウインドーに見たのは、「アートのある日常品」だった。

「さあ、店に入ってたずねてみましょう。なにをぐずぐずしてるの」
そう言うなり、カズコはアーロンの手をひっぱるようにして、店に駆け込んだ。
「これはなんという織物ですか？」
「ドイツのシュニール織です」

アーロンも、どれどれとばかり、その織物に触れてみた。ビロードのように柔らかく、豊かな感触だった。あとから調べてみると、シュニール織はドイツ・ババリア地方の伝統的な織物で、そもそもはチェコから入ってきたものだと知った。いちど平織りした布を約３ミリ幅に裁断してテープ状にし、これに撚りをかけてモール状にしたものを再び織る複雑な工程を経ることで、ビロードのような感触と、いかにもドイツ製品らしい何十年も使える耐久性が出る。

「あなたおカネ貸してちょうだい。足りないわ」

カズコはとにかく買えるだけのシュニール織を夢中になって買い、それをクルマに詰め込むと２人はパリへ戻った。ベルギーからフランスの国境を越える時、かなりの関税を取られたことをアーロンは記憶している。シュニール織は、もともとかなり高価な織物だったので、ビジネスになるとは当時、考えてもいなかった。カズコがそれを買い込んだのは、美しいものをいつも自分の手元におき、使ってみたいという単純な動機だった。

毎日の生活に追われていたアーロンにとっては、市原さんの「これはきれいだね。いやー、素晴らしい」の一言もあまり重みを持たず、ベルギーで買ったシュニール織のことも、いつしか頭の隅っこに追いやられてしまった。しかし、カズコは一流百貨店の仕入部長のこの言葉が、いつまでも心にひっかかっていた。

カルチャーショック

中村吉右衛門の屋敷に住んでいたアーロンたちは、それがビルに建て替えられることになるのを機に、千代田区二番町の２ＤＫのマンションに移った。これまでの広々とした空間が、そもそも何かの間違いなのだ。こんどは、それとは大違いの、ウサギ小屋であった。これが日本の住宅事情の現実なのだ。洗濯機の上に板を置いて机にしたこともあるほど狭かった。食卓は片づけられ、アーロンの事務所に毎朝早変わり。ベッドの上にシーツを敷いて、商品を並べた。

麹町界隈は、当時始まっていた地下鉄半蔵門線の建設工事の音がうるさく、眠れなかった。どうして日本人はこんな夜中に工事をするのだろう。アーロンがカズコに信じられないという顔でそう問うと、夜間は交通量が少ないからだと教えてくれた。それでもアーロンは納得がいかず、英字紙の『ジャパンタイムズ』に投書してその非常識さを訴えたことがあった。

不思議なことは山ほどあったが、とりわけアーロンの目に奇異に映ったのは百貨店である。帽子をかぶり、まっ白な手袋のエレベーター・ガールがいて、乗り込もうとする客に「上にまいります」「下にまいります」。ドアが開くと、「2階、婦人服のフロアでございます」。客が降りる際には「お足元にお気をつけ下さい」。その横の階段では、おじさんが真鍮製の手すりやステップの滑り止めを、磨き粉をつけた布でピカピカに磨いている。商品には手際よく、非の打ちどころのないラッピングがほどこされ、立派な紙袋に入れてくれる。それを受け取った客は、売り場の店員から「ありがとうございました」と深々と頭を下げて挨拶されるのだ。日本では、まさに「消費者は王様」「お客様は神様」。

「信じられない！　パリの百貨店の不愛想な客への応対を知っている僕には、エレベーターで各階の売り場に客を移動させるだけの運搬作業を〝華麗なおもてなしショー〟に変えてしまう日本人の非凡な知恵に脱帽でした」

ナチに追われ、故国を捨て、北アフリカの砂漠での戦争を命からがら生き延び、人間の酷薄さを知りつくしたアーロンにとって、日本人のやさしさは、この世のものとも思えなかった。

「まだ自動車を買えなかった頃、松尾さんという酒屋のご主人が親切にもリヤカーを貸してくれたんです。それに商品の入ったボール箱を山のように積み込んで市ヶ谷の郵便局から麹町の急な坂を息を切らしながら押していると、近くの日本テレビの社員数人が、ガラス張りの社屋から飛び出してきて助けてくれたこともありました。建物の中から見てたんです」

日本にはドロボーがいないことにも驚かされた。

「僕たちは日本全国を北海道の端から、九州の端まで商品サンプルと伝票を詰めたスーツケースを、多い時は8個も持って行商の旅をしました。南へ行くにも新幹線は大阪までしか開通していなかったから、電車を乗り継ぎ、レンタカーを借りて飛び回ったのですが、とにかく乗り継ぎが大変でした。つぎの電車に乗り遅れてしまいそうなのに、スーツケースは重量が20キロ近くもあり、一度に一人が1個しか運べない。あとの6個は駅のホームやバス停などに置いたままにしておくのですが、親切な人がそれを運んできてくれたことはあっても、盗んでいく者は誰もいませんでした」

駅の階段もきつかった。

「エレベーターもエスカレーターもない時代です。スーツケースを一段一段引きずり上げていると、中味がばらけてブランド物のハンドバッグがいくつも飛び散ったこともありました。それをまわりにいた人たちがいっしょになって拾い集めてくれたのです。泥棒ばかりのパリ、ローマ、ミラノあたりでは全部かっぱらわれていたことでしょう」

やっと電車に乗って一息ついたのも束の間、こんどはその置き場所に困った。車掌室に置かせてもらったり、通路に置いて２人でその上に腰かけて、電車に揺られ、うたた寝をした。

１年半ほどして、やっと営業用にクルマを買い、この悪夢から解放された。

「濃紺の国産車ブルーバードのステーションワゴンでした。うれしくてしようがなく、夜そっとベッドを抜け出し、ガレージに入れてあるクルマのドアを開け、運転席にすわってハンドルを握ってみました。

そんなところをカズコに見つかってね。じつはカズコもうれしくて、こっそりクルマを見にきていたんです」

アーロンはそれ以来、いくらおカネに余裕ができるようになっても、日本車にしか乗らない。あのときのうれしさが忘れられないからである。しかし、クルマがやっと手に入るまでの数年間、肉体的にも精神的にも疲労困憊し、パンク状態であったカズコが、知らないうちにバセドー氏病を発症させていたことにアーロンは気づいていなかった。

1枚のレシート

そんなある日、カズコが言った。

「やっぱり、あれ、やるしかないわ」

「あれって？」

「これよ」

カズコは、いつかベルギーで買ったシュニール織のタオルを差し出した。

「あなた、覚えているでしょ？　市原さんが美しいとおしゃってくださったこと」

「ああ」

ほとんど忘れかけていたアーロンは、空返事をした。

「実際に毎日の生活で使っているけれど、ますますその良さがわかるわ。吸水性も最高だし、何回洗っても色褪せしない鮮やかな色。かならずヒットするわ」

「そうかい。でも買った店の名前も覚えてないし。調べようがないじゃないか」

アーロンがそう言うとカズコは不機嫌になって昔の写真やアルバムなどをひっくり返している。

「お店が写っている写真が何かなかったかしら？」

「あるわけないだろう」

反射的に答えたものの、アーロンはちょっと待てよと考えなおした。

「あの箱を見てみよう。お店のレシート、とっているはずはないとは思うけど」

それはアーロンがルーマニアを脱出してからというもの、どの国へ行くにも大切に持ち歩いている小さなボール箱だった。その中に父母の結婚証明書、アーロンの出生証明書、大学入学資格を証明するフランス語で記載されたバカロレア合格証、家族や学校での写真などを入れて故郷を出たことはすでに書いたが、その後の人生で、古いパスポート、英国の軍隊手帳、勲章が追加され、航空券の切れ端やワッペン、領収書なども突っ込まれていた。流浪の生活を強いられてきたユダヤ人の習性なのだろう。そして、まさかの奇跡が起こった。

箱の中をかき回しているアーロンが見つけたのは、ゼムクリップの跡がくっきり残る黄色く変色したレシートの束だった。

勲章ならともかく、なぜそんなものを箱の中にほうりこんでおいたのか、一枚ずつ調べていくと、はたしてそこからベルギーで大量にシュニール織を買った店のレシートが出てきたのだ。カズコと行った想い出の旅行だったので、捨てずに取ってあったに違いない。

国際電報

レシートの文字は消えかかっていたが、店の名前と住所はなんとか判読することができた。インターネットのメールはもとより、ファックスもなかった時代である。アーロンたちは東京・大手町にあったＫＤＤ（国際電信電話）に駆けつけ、電報を打った。

「いまではとうてい想像もできませんが、当時、国際電報の料金はとんでもなく高くてね。1字打つのに途轍もない料金を取られた。普通の手紙のつもりでいると、いまのおカネならすぐ数万円が飛んでしまいます。僕は文法などおかまいなし。最小限に字数を削りに削りました」

「乞う　貴店で購入の織物　製造会社名」

すっかり忘れて、あきらめかけていた頃、ベルギーから一通の手紙が届いた。

「おたずねの会社はドイツのエルンスト・フェイラー社です」

電報を打ってから半年後のことだった。

こんどはすぐ、「PLEASE SEND US A SAMPLE」（サンプルをお送りください）と製造元のフェイラー社に打電すると、しばらくして数枚のシュニール織のサンプルが届いた。

「カズコの美しいものに対する感性と僕のがらくた箱のコラボで、信じられない大きな一本の道が開かれたのです。小躍りするカズコを見ながら、一にも二にもあきらめず、ダメモトの精神でまえに進めば、素敵な偶然に出会ったり、予想外のものを発見することもあるのだなと実感しました」

まさにこれこそ、「セレンディピティ」(serendipity)という言葉で知られる運命の引き寄せだとアーロンは思うのだった。

国境の町

1カ月後、アーロンとカズコは、アエロフロートのいちばん安い航空券を買ってドイツへ飛んだ。

シュニール織の製造元であることが判明したフェイラー社は、国際的に有名な音楽祭が開かれるバイロイトの東のホーエンベルクという小さな村にあった。人口わずか3千人ほど。このあたりは、豊かな緑とフランコニア地方の名水にめぐまれて織物と陶磁器の産業が発達した地方である。ホーエンベルクはエゲール川をはさんでチェコ国境と接する。

アーロンとカズコ夫婦をゼルプという小さな駅に出迎えてくれたのは創業者のエルンスト・フェイラー氏だった。

「えっ、あなたが奥様?」

50歳の白人の中年男が、娘のような20代の日本人妻を連れてはるばる東洋からやって来たのである。フェイラー氏はちょっとびっくりしたようだった。

「ええ、妻のカズコです」

アーロンは涼しい顔で答えたが、ドイツはプロテスタントが多かったので、まだ面倒はすくなかったがイタリアに旅行した時などは散々な目にあった。その頃はローマカトリックの影響力がまだまだ強く、ホテルのレセプションで２人はカップルとみなされず、結婚証明書の提出を求められ、ローマの日本大使館で正真正銘の夫婦であることの証明書をもらって、やっと泊めてもらえるありさまだった。

「奇妙なカップルに戸惑ったにちがいありません。それでも創業者のエルンスト・フェイラー氏は、みずから手塩にかけて育て上げた工場をていねいに案内してくれたのです」

シュニール織はドイツに伝わる伝統的な工芸品だった。フランス語でシュニーィユ(chenille)とは毛虫を意味し、蚕の体表に似た風合いから、ドイツでもそう呼ばれていると知った。

フェイラー氏は、そのシュニール織を現代に甦らせた功労者で、50年ほど前に独特の技法で改良を重ね、完成させた。

色鮮やかな織物には染料が必要だが、フェイラー社が使っていたのはインダンスレンという1901年にドイツで開発されたものだった。美しい青色も、日本の藍染のように、洗濯しても日光にさらしても簡単には色褪せない。織った反物を川で洗っても、川を汚さない。環境にやさしい染料だ。

フェイラー社で働いていた従業員は当時30人ほど。ドイツ国内でも高級品として知られるシュニール織のタオル、ベビー用品を製造していた。製品の卸先は、スイスやベルギーのリゾート地にある高級ブティックかパルフュムリ（香水化粧品店）など、かなり限られたものだったため、アーロンたちがパリで目にしたことがなかったのも当然だった。機械化される前はすべてが手織りで、しかも織り方が非常に複雑なため、1日に1・5メートル幅の織機で3メートル織るのがやっとだった。

「まるで宝石だわ。布の宝石よ」

製造の工程を目の当たりにするにつれ、カズコの目はますます輝いた。そして突然、突拍子もない行動に出た。なんとフェイラー氏の前で土下座したのである。

「お願いします。私たちに在庫をわけて下さい！」

面食らいながら、フェイラー氏はたずねた。

「売れるあてはあるのですか？　じつは日本の大きな総合商社からもお話が来てましてね」

「６カ月でいいですから時間を下さい。シュニール織を売ることに命をかけます。最初はサンプルだけでもいいですから、お願いです。いまに倉庫いっぱいの分の商品を日本から注文させて頂きますから」

アーロンは卒倒しそうになった。それをなんとかこらえ、平静を装いながら、フェイラー氏がなんと答えるか、固唾をのんで成行きを見守っている。

しばらく黙ってカズコの真剣な表情を見ていたフェイラー氏は、最後にこう言った。

「マドモアゼルどうかお顔を上げて下さい。わかりました。チャンスを差し上げましょう」

カズコがマドモアゼルと呼ばれたので、アーロンは二度びっくりした。

日本の総合商社にとっては、フェイラー社の製品は、彼らが扱う商品のワン・オブ・ゼムだったのかもしれない。しかし2人にとっては、命を懸けるべき唯一の宝だった。名もない生まれたばかりの虫けらのような会社は大商社に情熱に関しては負けなかった。

それにしても、運命は面白いところで交錯していた。2002年のM&Aの相手先になったのはこの総合商社だったのである。

フェイラー社との奇跡の商談はこうして成立したのだった。

ドイツの会社と仕事をする運命になったが、そのことでよくこんな質問を受けたものだ。

「ユダヤ人のあなたが、よく平気ですね。ドイツといえばナチがユダヤ人のホロコーストまでやった国じゃないですか？」

「それが、どうかしましたか？　商売の相手はナチではなく、勤勉で正直で約束を守り、納期なども正確に守る誠実なドイツの人たちです」

第5章　売れなかった「ベストセラー」

見向きもされず

長らく、世の男性にとっての憧れの製品は、たとえば自動車のベンツであり、カメラのライカであった。しかし、フェイラー製品を知る男性は、ほとんどいない。ぜひいちど、奥様にたずねてほしい。

「あら、あなた知らないの？　ほらここにあるわ」

きっと奥様は呆れた顔をして、ハンドバッグから1枚取り出すことだろう。

1972年の日本での発売以来、フェイラー製品は現在まで、計り知れないほどの枚数が売れた。日本の総人口1億2000万人の半分が女性として6000万人、赤ちゃんをふくめ、その約7割がタオルおよび加工品、ベビー用品を使っていると想定してみよう。しかも1人で10枚、20枚の単位で購入するファンもいるというから、天文学的な数になる。それにしても、かくも女性に愛され、浸透している商品が、あまり男性に知られていないのは、はなはだ奇妙な現象と言わざるを得ない。

フェイラーは、ジャーマン・クオリティーを代表する製品の一つだが、ある意味で純粋の「メイドイン・ジャパン」と言えるぐらい日本で育てられ、ブランド化され、花開いた逸品なのだ。その仕掛人が、あの「異星人」アーロンとカズコのコンビなのであった。しかし、最初は売れない織物として有名で、長いあいだ陽の目をみなかった。

アーロンがフェイラー社に出した最初の発注書が残っている。「御社から仕入れた製品でわが社の倉庫を一杯にしてみせます」とフェイラー氏に大見得を切ったのだが、やっと1年近くかかつて、1柄2ダース、大きなサイズは1ダースといった約束違いもはなはだしい注文書しか送れなかった。

北海道から九州まで行脚したが、反応は否定的なものばかりだったのである。いわく、「売れない」「分厚すぎる」「値段が高い」「カラフルすぎて使えない」と散々だった。

「このように小さな注文ですが許して下さい。つぎからはもっと大量に発注しますからと、恐る恐るお願いベースです。それでもフェイラー氏は商品を送ってくれました。まことに誠実な人でした」

重量もわずか10キロ以内。小さな郵便小包ですむ量だった。

百貨店に相手にされない、見向きもされないシュニール織はカズコの友だち、母親、などに試供品として渡し、使い勝手をモニターしてもらった。親しい人たちからは、百貨店のバイヤーたちの反応とは相反し、2重、3重マルをもらった。そして、女性の口コミが次第にすごい力を発揮していくことになる。どんな宣伝よりも効果的だった。

使った人から、「色落ちしない」「肌触りがよい」「吸水性抜群」「誰も持っていない」「まさにドイツ製品らしい品質」と評判がたつようになった。それとともに、シュニール織は日本の市場で1枚、また1枚と広まっていく。

「世にいう口コミのバズマーケティングでした。商品を一番評価する力を持っているのは買って使う消費者です。売る側は宣伝をかけ、ブランドイメージを創り、有名人に持たせたりして商品を実力以上に見せますが、使う側、買う側にとっては関係のないことです。すくなくとも、その当時はブランド戦略などという言葉自体が存在しなかったのです」

母の試作品

１９７３年、姫路からカズコの母が上京してきた。

「すごく美しいから取っ手をつけて袋を作ったんよ。アーロンさんも見て」

うれしそうに彼女は手作りの試作品を差し出した。

「あっ、それは使いやすそうできれいね。おかあさん」

即座に反応したカズコは浅草の問屋にラクト樹脂の取っ手を買いにゆき、５個、10個と毎晩、手縫いで袋作りがはじまった。社員の中には夜なべで作って持ってきてくれる人もあって、完成品が30、50と増えていった。売り場においてもらうと、その2、3か月後には１００、２００と注文が殺到するようになる。

こうしてカズコと始めたビジネスは、卵がヒヨコに変わるようなおぼつかないスタートで走り出した。アーロンは日本人の器用さ、細やかさに舌を巻いた。なにより、みんなの情熱と忍耐力がすごかった。

「とにかく社員全員が商品を愛していました。愛してもいない商品がどうして消費者の手に渡るでしょう。どんな広告宣伝をしても、消費者の目をだますことはできません。それに質が良ければ、価格を下げたり、値引きをすることなど、さらさらありません」

このアーロンの考えは、創業以来、変わらないない。

誰一人ギブアップしない、みごとなチームワークだった。さすがに手縫いでは追い付かず、特殊なミシンを発注し、導入した機械のおかげで生産量も増えていった。タオルと並行して原反を輸入し、バッグやポーチ、家庭で使うあらゆる製品など2次加工品の生産を本格的に始めた。日増しにオーダーが増え、それに対応するため東京はもちろん豊岡、富山、岐阜、愛媛などの工場と協力体制を敷いた。社員の一人が独立して下請け工場を設立した。

「僕はやっとフェイラー氏に少し顔向けができる注文書を書けるようになったのがうれしくて、わが社のロゴを新しくデザインし、レターヘッドを作りました。モンリーブのエムと富士山の形を現したロゴです。芸術性がないのにグラフィックデザイナーになった気分で創作しました。タイプライターにカーボン紙を差し込むのもまどろっこしく、機関銃のようにオーダーシートを打ちまくったものです」

約束を果たせるようになった喜びは何ものにも代えがたかった。この頃フェイラー社はまだ手織りの織機だったから、注文が増えるとともに生産がついてゆかなくなってきた。

ゼロからのスタートとはこういうことだ。資金が潤沢にあったなら努力もせず、二次加工品を作る発想も思い浮かばず、ひたすら値段が高く、分厚く、派手な色のタオルだけで運命を終えていたかもしれない。

販売戦略の裏には、モノを売るのには物だけが独り歩きせず、遊び心や美しさを日常に取り込み、芸術性ある生活にマーケットを導きたいという発想があった。商品づくりのビジョンとして「芸術性ある日常」「日常の中の芸術品」を掲げ、百貨店に再アプローチをかけた。

したたかなPR作戦

ビジネスは好調に伸びて行った。1990年の中頃までカタログを作らず、女性のバズマーケットで発展し続けたが、アイテムも増え、取引先の数が増大してきたため、パンフレットや、カタログを製作する必要に迫られた。

総指揮はカズコがとった。「芸術性のあるカタログ」をめざし、単に商品と値段が記載されたものではなく、ドイツ・ロケを敢行して文化や風景をとりこみ、心に訴えかけるものにした。顧客からカタログ自体を売ってくれないかと注文まで殺到した。印刷以外はすべて自社制作。アイディアを出したのは、もっとも商品を熟知し、愛している社員たちである。

並行してコンサートが企画された。

「フィーバーして全国で20回開催したのですが、計3万人近いお客様を動員することができました。ご招待です。お客さまに、僕たちの商品への取り組みを画像で紹介し、生のコンサートで音楽を楽しんで頂く。これも舞台総監督はカズコで、彼女の持つ芸術、文化的な感性と知識のすべてを総動員です。全社員160人が、撮影、プログラム作り、舞台進行など、何らかのかたちで全員が参加しました」

晴れのその日は会場に全社員がフェイラーのハンカチを胸に付け、来場者を一人一人、席に導くきめ細かな接待をした。東京ではゆうぽうと、カザルスホール、大阪はシンフォニーホール、福岡はアクロス、名古屋では芸術劇場。各会場ではいつも1000人以上のお客様が行列をなした。

かつて誰もやったことのない、したたかなPR作戦だった。

見えない注文

いまから振り返ってみると、フェイラー製品がヒットした理由の一つは、取引先の二次加工品メーカーに対する注文がきわめてユニークだった点にあるとアーロンは考えている。

それはメーカーにとって、どう対応していいか苦慮する「見えない注文」で、最初は総スカンをくらった。

「まず、ＪＩＳマーク製品のような、心のこもらない「規格品」は要らないということでした。商品の一点一点は、それぞれ、手作りの雰囲気を出すように気を配ること。たとえ歪んでいても、寸足らずであってもいい。商品の裏に芸術性と愛情の感じられる、見えないものにチャレンジしてくださいという注文をつけたのです」


こんなことを言われてうろたえないメーカーはいない。

最初は「はてな」で商談会は明け暮れた。しかし注文と共に出される難題は試行錯誤とともに、理解を得られ、素晴らしいコラボレーションが生まれるようになった。メーカーさんのほうから提案があったり、提言があったり、試作品の中にメーカーさんの誠実な努力の結果「プラス・アルファー」の雰囲気を持つ商品群が次々誕生していった。

こうして、メーカーとも注文、納品という機械的な取引のみならず、一心同体の関係が生まれた。


レンタカーに商品を積んで北海道から九州まで、地図を作って百貨店や小売店を訪ねあるいたあの涙と汗の行商時代に「ノー」と言われた数だけ、日本列島のすみずみから山のような注文が入るようになった。遠隔地の顧客に対応するために、全国６か所に支店を開いた。商品はアンブレラ化され、家庭の中で使用するあらゆる日常品を網羅した。フェイラーから醸し出されるドイツ的な高品質と堅牢さに加え、日本的な上品さ、楽しさなどの絶妙なミックスが人気を呼んだ。

日本の経済は下降し、おびただしい倒産が続いていたのに２０００年ごろから生産が需要に追い付かず、ドイツのフェイラー社は工場拡大することになった。社員も１５０人以上となり、ドイツ、ババリア地方の中堅企業として、地域での雇用を促進させ、地域経済的に寄与する産業となった。

左の車輪は生産者であるフェイラー、右の車輪は企画販売するモンリーブ社。車は双方の理解度、協力体制、誠実さ、正確さで世の中の流れと逆行するように成長をとげた。

１９９８年、フェイラーの３代目社長、ディーター・シュウェート氏はババリア州より経営者賞を、２００２年にドイツ地域経済、産業、雇用貢献が認められたモンリーブ社は、カズコが代表で名誉市民賞を受賞した。

「ゼロから1までの距離は1から1000までの距離より長い」
まさにタルムードの教え通りの結果となった。

涙の発注書

1995年、アーロンたちの会社が創立25周年を迎え、セレモニーを催したときのことである。フェイラーのディーター・シュウェート社長とダグマー副社長が、アーロンが打ったタイプの「取引をお願いします」という手紙と、たった数10枚のハンカチのオーダーをタイプで打った1回目の注文書を25年も保管して持ってきてくれたのである。しかも、それは額縁におさめられ、記念品に仕立ててあった。

「じっと我慢して僕たちの成長を見守ってくれた温かい気持がなによりうれしかった。僕もカズコも社員も、ゼロから出発した汗と情熱、チャレンジの25年間、手に手を取ってきた過去を思い、胸いっぱいになって思わず泣きました」

フェイラー50周年式典もドイツで開催された。アーロンはふりかえり、スピーチでこう挨拶した。

「資金もなく素人二人で立ち上げた名も無きわが社にチャンスを与えて下さった、いまは亡き創業者エルンスト・フェイラー氏に心より感謝します」

アーロンは胸がつまり、ここでも涙した。

スカッドミサイルとガスマスク

事業が成長していくあいだ、世界の情勢は刻々と変化していた。とりわけ、イスラエルをめぐって中東ではさまざまな事件が起こった。

１９９１年、湾岸戦争が勃発した。いつ飛んでくるかもしれないスカッドミサイルにおびえながら防空シェルターの中でガスマスクをつけ外界と遮断されている家族に、アーロンはいち早く報道される日本のテレビ実況を電話で知らせながら、イスラエルの戦争終結までの日々を過ごした。

英国軍とイスラエル軍で7年半も兵役についていたアーロンが、いちばん冷静だった。その次に冷静だったのは、全員18歳で兵役に就いた経験があるアーロンの子供や孫たち。いちばんナーバスになり、心配しておろおろするのは、戦争の最前線を知らないカズコだった。

その頃、すでにアーロンは日本国籍を取得していたので、万が一にも招集されることはなかったが、イスラエル国籍のままであれば、戦争に駆り出される可能性もなくはなかった。

「この歳だから前線に行くわけがない。倉庫番とか、事務の仕事ぐらいだろうな」

そう言っておどけてみせたが、中東できな臭い状況が報道されるたびに、カズコはストレスを抱えた。

バブルの教訓

1980年の終わりごろから1990年代の初めにかけて、日本中がバブル景気にわいた。「鉛筆ビル」などと称して猫の額ほどの土地にも10階建てのオフィスビルが現れるいっぽうで、昔懐かしい日本家屋や商店が消え、モダンな風景に様変わりしていった。

ブランドが大流行し、家族で海外旅行という豪勢な時代だった。大会社は「青田買い」といって入社もしていない若い人たちを囲い込もうと忘年会などに連れていった。

アーロンは当時のことをこう思い出す。

「ビジネスはどんどん右肩上がりで伸びていきました。ところが、僕たちのような中小企業は、応募しても、誰も入社してくれませんでした。やっと一流大学から入社してくれたと思ったら、〈スイスにスキーに行くから会社辞めます〉と、あっけらかんと言い残して辞めていった若い人もいました」

しかし、アーロンはお祭り騒ぎのように浮かれたバブル景気の危うさに気づいていた。はたして、自分たちの実力を超えた事業となっていないだろうか、大量に生産することによって商品の質が落ちるのではないか、マーケットに飽きられるのではないか、売れすぎの危険性もあるのではないか。シロウト経営のアーロンたちが抱くのはこんな心配であり、危機感だった。

売れないときはもっと売らなければという目標があるが、売れた時はつぎに何を考えればいいのだろう。単純に「もっと生産してもっと売ろう」ではないはずだ。なぜなら、生産量が増えた場合、品質がいつまでもそれに伴う保証はないからだ。そこで、在庫と発注量を徹底的にコントロールすることを怠らなかった。幸いフェイラー社の商品は、生産量にかかわらず厳格なクオリティーコントロールがなされていた。

バブル景気がしぼみはじめると、第1次オイルショック、第2次オイルショック、リーマン・ショック、阪神淡路大震災と、いろいろな出来事が起こった。しかし、アーロンたちは幸いなことにほとんどその影響を受けなかった。というより、バブルの波に乗らなかった。本業をコツコツやってきただけの話だ。

辞めていく社員の出る一方で、やる気のある従業員たちが売り上げを伸ばし、2次加工品も生産が追いつかないほどになった。

去る者は追わず。利益を生むために日々奮闘してきた社員にそれを還元することを役員会で決定し、全員に一律２、３か月の決算ボーナスを出すことにした。定期的なボーナスの他に出す臨時ボーナスだった。その額に、社員のなかには驚きのあまり絶句、床に座り込んだ人もいた

取引先でも評判になった。ボーナスをたっぷりもらってうれしくない社員はいない。アーロンはこれを退陣するまで20年続けた。社員の喜びは日々の業務に反映され、火の玉軍団のごとく団結心旺盛な会社となった。しかし、貧乏だった昔と同じく、段ボール、紙、ヒモ、箱、文房具消耗品等を徹底して節約する精神は変わらない。

アーロンは社員にこう念を押したものだ。

「無駄は一円でも省く、そして接待は相変わらずなし」

これがアーロン流のおカネの使い方だ。

異星人

アーロンが経営者となったのは運命のいたずらというしかない。

自己分析すれば、数学者とか、基礎医学の研究者とか、地味で静かな仕事が向いているようだった。人の上に立って経営などできるはずがない。経営には不向きだと考えていた。

会社は個性を大いに尊重したおかげで、異色の企業風土が育った。カズコはアイディア型、アーロンは分析型。担当も明確に分けた。

「僕たちが最高のビジネスカップルと言われていたのは、互いの主義や特技をよく把握して認め合っていたからでしょう。動物だって花だって個性がある。だれも自分のＤＮＡを変えることはできません。僕は、かならずしも日本のビジネス社会にぴったりはまっていたとは思いません。むしろ〈異星人〉でした」

「とにかく当時の〈ビジネスの常識〉と〈僕の非常識〉のあいだには、とうてい越えがたい差がありました。日本人と白人である僕との違いだったのか、あるいは、僕が日本の商習慣を無視して、無邪気に立ち向かっていたせいなのか。いずれにしても日本流ビジネスのやり方を全部肯定するわけにはいきませんでした」

後年、カズコは「もし、わたし一人がビジネスを立ち上げていたなら、世間の商習慣を受け入れて、今日の結果にとてもつながらなかった」と、みずからの考え方を貫き通したアーロンの「異星人」流をたのもしく思った。

第6章　国籍

帰化

アーロンはよくこんな質問を受けたものだ。

「あなたは帰化しているのですか？」

「国籍は？」

「パスポートは？」


現在は戸籍上もれっきとした日本人。パスポートも日本のパスポートである。だが、それまで14年間は外国人登録証で過ごしてきた。しかし、公私ともに日本での生活が充実し、落ち着くにしたがって、日本で骨をうずめる覚悟が固まった。アーロンが日本に帰化するためのアクションを取ったのは、来日14年目のことである。

国籍を取得するには法務大臣宛てに「帰化許可申請書」を提出する。そして、何年かの審査が完了すると「帰化許可」がおり、そのことは「官報」に掲載告示される。その後、さらに必要な手続きを行い、最後は14日以内に区役所などに外国人登録を返還する。並行して離脱する国から国籍離脱申請許可を得て、パスポートに「ボイド」（抹消）のスタンプをついてもらえば、晴れて日本人になることができる。文章にすればたった3、4行のことであるが、この手順を踏むために最低でも半年から1年、アーロンの場合は2年かかった。

１９８８年の新年早々、アーロンとカズコは東京・大手町の合同庁舎3号館にある東京法務局民事行政部国籍課と千代田区二番町の駐日イスラエル大使館を往復するはめになった。

法務省告示第１０３３号　下記の者の申請に係る日本国に帰化の件は　これを許可する
昭和62年12月26日　法務大臣　林田　悠紀夫
山川阿倫

すでに帰化申請許可が法務大臣よりおりていたから、すぐ日本人になれて、パスポートも取れるものと思っていた。ところが窓口の担当官は当たり前のように涼しい顔でこう言った。
「イスラエル国籍放棄申請受理書を早く出して下さい」

てんやわんや

日本国籍取得までの作業は一筋縄ではいかなかった。国籍をとるというのがどれだけ大変か、実際にやってみた者しかその苦労はわからない。

書類の作成と準備だけで2年かかった。アーロンたちは、弁護士や司法書士、公認会計士などの専門家にかける充分なゆとりがなかったので、すべての作業を2人で行った。

帰化申請書の欄外（注）に「この書面には、どうして帰化したいか、という理由を具体的に書き、末尾に作成年月日を記入し、署名押印すること」とあった。

妻のカズコに翻訳してもらい、日本語で提出した。

「私が日本に参り、日本人の妻と結婚し、生活の安定を得、今日に至るまで15年の年月となりました。私たちの予想をはるかに超えて会社も発展し、今日かなり良好な結果を得ることができました。現在、私は会社の存続と将来ということに非常に責任を感じます。日本に帰化したいと望む最大の理由は、帰化によってのみ責任を全うすることが出来るのではないかと確信するからです。また帰化を望む理由のもうひとつは、私の妻とその家族という心情的なものであります。私が日本にながらく住みついて、私の現在の生活は、私の妻とその家族、そして会社のスタッフによって成っています。この人間関係が私にとっていちばん重要で、それ以外に考えられません。そして、日本国の国籍を得ることによってのみ、私は将来の生活と気持ちの安定を持続してゆくことができると思います。今に至るまでも日本国の法律や規則を守ってまいりましたように、将来もっと前進的に日本の国民となれるならば、いっそうの努力をはらうつもりでおります。

昭和60年12月10日　　申請者　A. Meron」

「その他に提出を求められた書類は山ほどありました。仕事から帰り、食事が終わるとテーブルは書類の山。何から手を付けていいかもわからず、しかも普段は縁もなく、見慣れないものばかりでした。カズコが日本語の辞書で調べてみても、言葉の意味さえわからず、播州〈姫路〉弁で〈もういらん！〉と叫んでいたものです。標準語なら、〈もういい加減にしてよ！〉

とでもなるのかな。日本語のわからない僕は、ただ脇から眺めるだけで、カズコに大変な思いをさせてつらかった」

「赤ずきんちゃん」

涙と笑いの裏話をご紹介しよう。国籍取得に必要なのは書類だけではなかった。日本語のテストがあるのだ。ただし大の大人が童話の本『赤ずきんちゃん』を読まされるのは、つらかった。

「カズコは毎晩、机の上に日本語のテキストをひろげながら、〈それにしても、こんなことまでさせられるとは屈辱だわ〉と、憤慨していました。しかし僕は、まったく気にせず、童話の朗読テストを淡々とこなしました。腹を立てると日本国籍の取得が遠のくだけ。僕はテストにそなえて先生をつけて日本語の特訓をしたので平仮名の読み書きと、漢字で自分の名前が書けるようになったが、筆順が苦手で、いくら教わっても上達しませんでした」

係官から、「あなたがた夫婦は、なぜ子供を作らないのですか？」と、たずねられたこともある。

「カズコは甲状腺の病気で薬をのんでいたし、事業も急速に伸びている最中で、年齢的にも40歳を超えた体に負担をかけられないので、子供を作ることができなかったのです。それにしても、日本ではこういうプライベートなことまで踏み込まれるのかと驚きました」

この話を聞いて、カズコがまたまた憤慨したことをアーロンは覚えている。

「日本人女性を現地妻にして散々いい思いをし、日本で稼いだおカネと国籍を持って、さっさと故国へ帰ってしまう『蝶々夫人』のようなケースがまだこの20世紀に残っているから、こんなことまで聞かれるのね」

アーロンの国籍の一つ目は10代で捨てざるを得なかったルーマニアの国籍。二つ目は英国の委任統治領だったパレスチナでの「国籍」にあたる市民証明書。そして20代で１９４８年に建国をはたしたイスラエルの国籍。そして最後が60代で得たこの日本国籍。他のものとは異なり、命からがらやっと得たものではなかったが、手続き的には、その取得が最も困難であった。

近所の聞き込みによる素行調査もおこなわれた。お隣さんやお向かいさんが、後になって教えてくれた。とうぜん、アーロンも当局に尾行され調べられたはずだ。当時は公安といったが、カズコもモスクワから帰国した後、公安の聞き込みがご近所であったそうだ。というわけで、夫婦そろって国家安全のために調査されたことになる。

そして、やっと日本国に帰化が許可されたのは昭和62年（１９８７年）12月26日のことだった。

「あー、やっと終わった」という思いでアーロンとカズコは解放感にひたった。

カズコは電話に飛びついて姫路の父と母に報告した。

「アーロンの国籍、やっとおりたー」

「よかった、よかった、おめでとう！」

自分たち以上に両親は喜び、安心したことだろうとアーロンは思った。国籍取得のために必要とした書類はかさねてみると3センチ以上になり、ずっしりと重い。しかし、アーロンの得た日本国籍の重みは数字に表わせない重さだった。

「過去に捨てざるを得なかった三つの国籍に対してもう未練はなかった。後悔しない (No regrets) これから日本国籍で生きていく未来に対して疑いを持たない (No doubts) という僕のビジョンがますます強固になっていくのを感じました」

アーロンはこうして四つ目のパスポートを取得し、日本国民となった。ちなみに同じ年、フランス人ギタリストのクロード・チアリ氏が日本に帰化している。

アーロンは心底、日本人になれて幸せだった。

「なかには二重国籍の人もいますが、二つの祖国に心を捧げられるでしょうか？　オーストラリアなど、二重国籍を持つ人が国会議員になれないことを法律で定めている国があるのは、よく理解できます」

国籍は「空気」にあらず

日本人は国籍を「空気」のように感じているのではないか。アーロンは実際の経験に照らし、こう語る。

「島国に住む日本人は国籍についてあまり深く考えたことがないかもしれません。どうやら国籍に関してのんきな錯覚があるようです。陸続きの他の国とはちょっと事情が異なるような気がします。海にかこまれているうえに、歴史的に鎖国をしていたせいもあるのでしょうか」

日本国内で身分証明には健康保険証より写真付きの運転免許証やパスポートが求められる。そして、海外旅行ではパスポートが所持者の国籍を記載する唯一の公文書なのだ。

「それなのに、日本人はパスポートの扱いが極めてずさんです。期限が切れていても平気だし、保管場所を忘れたり、紛失したり。いつでも再発行してくれると思っています。わが妻カズコも例外ではありません。パスポートの重要性を知らないと海外で生命さえ危険にさらされることにもなる。パスポートは闇で売買されることだってある。僕が日本のパスポートを持ってイスラエルに入国するときは入管審査でいつも別室に連れていかれ、山ほどの質問を受けました。西洋の顔をした男が日本のパスポートを持って出入国を繰り返せば、スパイと疑われても当然だったのかもしれません」

国籍のある者は幸せだ。ナチの迫害を逃れて、アーロンが一人で脱出したあと、ルーマニアからパリへ逃れた両親は、フランス国籍が取れず、亡くなるまで無国籍で、持っていたのは〈レフュージー（難民）・パスポート〉だった。

「これは、国家の庇護を受けることのできない難民でも、なんとか国と国のあいだを移動できるよう第一次世界大戦後に国際連盟が発行を始めたもので、第二次大戦後は国際連合が行っています。ルーマニアを出てから僕の両親はずっとこのパスポートでした。妹のエリザはフランス国籍を持つことができましたが、ルーマニア出身の実業家と結婚したために比較的入手しやすかったのでしょう。納税能力や年齢も大いに考慮されるようです」

アーロンの場合、努力の果てに得た日本国籍の重みは徐々に増していった。相手に与える安定感、信用、信頼が格段に違う。責任の所在も明確になる。公文書を含め、どんな書類にサインをし、印鑑を押しても堂々と自信が持てるようになった。

日本国籍になってアーロンはさっそく「山川阿倫」という漢字の実印を作ったが、その押し方にかなり練習が必要だった。これまでのように横文字のサインですらすらと書くようなわけにはいかない。朱肉に印を押し付けて書類の上にポンと押すと、どこか欠けていたり、強く押すとにじんだり、どの書類も最初の頃は2、3回訂正させられた。小さなハンコは大きな手の中ですべりまくった。それにしても、西洋には存在しないこのハンコなるもの、最初はまったくの謎であり、使っているうちに、まことに興味深く、分身として愛着まで持てるようになった。

山川阿倫という漢字の名前も、川の字の三本の線を下から上に書き、倫などは冊を書いてからその上に三角屋根を乗せて、いつも笑われた。そのせいで日本語のサインは、右利きの人が左手で書いたようなかたちになり、誰にも真似できないサインとなった。まさに怪我の功名である。サインからハンコにかわる人生になるまで、じつに14年の歳月が必要だった。

アーロンは64歳になっていた。

第7章　ビジネス戦記

公私の線引き

1970年にはじめて日本へやってきたアーロンはその後、40年近く日本で仕事をすることになるのだが、驚かされたのは当時、日本の会社で働くサラリーマンの不思議な生態だった。

「集団の力を結束させる日本流の経営は素晴らしいが、アフターファイブになっても、なぜこう群れて、つるむのが好きなのだろうと不思議だった。これが標準的な組織内の人間関係なのだろうか。公私を混同していることに、どうしてもなじめませんでした」

トップは会社の会長、社長はじめ、その下の役員、営業部長、課長、はてはお世話係のヒラ社員まで、平日、休日を問わず接待、お酒、ゴルフの予定でスケジュールはぎっしり埋まっている。プライベートの時間を家族と過ごさず、接待で貴重な時間をつぶすのはいかがなものか。こうしなければ、ちゃんとした商売ができないと日本のサラリーマンたちが考えているとしたら、それはアーロンにとって、まったく〈不可解な闇〉だった。

アーロンは、ある大企業の会長の軽井沢の別荘に招かれ、仰天の体験をしたことがある。

「うちはお風呂が自慢でして」と主人が言った。

大きな敷地の中に、わざと田舎風の小屋がしつらえてあり、五右衛門風呂のようなものを、麦藁や松の枝で焚くのである。

風雅といえば風雅だが、可哀そうなのは釜焚き係の秘書課社員であった。お風呂につかっていると、外から声がする。

「湯加減はいかがでしょうか？　ゴルフはいかがでしたか？」

「ありがとう。僕はゴルフはしない。性にあわないんだ。あなたはやるの？」

「はあ、ここでは会長のキャディーのようなことを」

「ところで、あなたは立派な大学を出ているのだと聞いたけど、英語も上手ですね」

「はあ、一橋大学を出ました」

「仕事を楽しんでますか？」

「ええ、まあ」

答えになるような、ならないような返事が返ってきた。

そして、サラリーマンといえば喫茶店だった。

「ちょっと外の喫茶店へ行きましょうか?」。商談は会社の応接室や会議室ではなく、タバコの煙のもうもうと漂う街の喫茶店でおこなわれることが多かった。アーロンは、こうした喫茶店での商談を許さなかった。接待経費ゼロだったから、コーヒー代も出ない。夜の接待などとんでもなかった。

「お酒を飲まなければ心を開けないような人間を信用できるでしょうか? 喫茶店やゴルフ場といった中間地点を設ける必要などさらさらありません。兵力に優劣のある戦争とは違って、商売はどちらもイコールの立場です。相手がどんなに大会社で、自分の会社がどんなに小さくても、自社の製品に誇りと自信を持っていれば正門玄関から出入りするのがいちばん望ましい。それも、朝の十時きっかりに入ること。すぐれた営業マンなら、お客さんを自分の会社に連れてくるはず。相手の土俵の中ばかりでなく、たまにはこちらの土俵で商談をすること。訪問も大切だけれど自社を知ってもらうのも大切です」

「痛勤」地獄

アーロンはお客さんをゴルフや銀座に連れて行って接待などしたことがない。どんな相手でも対等だと考えているから、その必要がない。だから「非常識な男」だと嫌われ、一時こんなふうに散々な言われ方をした。いわく、

「モンリーブさんはケチだ」
「お高くとまっている」
「世間の商習慣を知らない」
「シロウトだ」
「外人で得をしている」
「ゴミのような小さな会社の分際で、可愛くない」
「生意気だ」

取引先を接待したいなら、営業マンが自腹を切るしかない。最初、社員は戸惑い、不平も出た。しかし、月日の経つうちに取引先も要求しなくなり、社員は6時に帰宅できるので、逆に喜ぶようになった。

「僕が夜の接待をしない理由の一つには、長時間の通勤地獄がある。会社まで1時間は常識。しかも満員電車で中には2時間以上も通勤にかかる人もいるという欧米では考えられない悪条件を強いられている。まさに〈痛勤〉です。接待のあと終電がなくなり、東京駅から出ている長距離バスをホテル替わりにして、翌朝またそれに乗って帰ってくるサラリーマンがいると聞きました。あきれますね」

人間にやさしい、他人、隣人に思いやりを持ち、親切心にかけては他のどの国にも見られない美徳をそなえた日本なのに、会社に貢献している社員が強いられる通勤という「時間外労働」に関しては、まったく思いやりがないのは不思議だった。

グローバルスタンダード

ある日、カズコと霞ヶ関のあたりを通っていたら法務局の前に「女性にもどんどん社会参加してもらおう」という趣旨の大きなスローガンがかかっていた。カズコは、よりによって法務局が何というスローガンだと憤っていた。こんなスローガンを掲げること自体が差別であるというのだ。

妻カズコは、創業時、僕に国籍がなかったために女社長にならざるを得なかった。本人はとても嫌がったがアーロンはそれでいいと思っていた。ファッション業界ならむしろソフトなイメージにつながる。クリエイティブな仕事であるし、ソフトなブランドイメージが生きるし、顧客のほとんどを占める女性に受け入れられやすい。

「むしろ背後で男性が組織を支え、女性が前線で活躍できるようにするのがスマートです。販売には女性がまさに適任。とにかく女性たちは、商品をみずから使い、愛しているのだから、セールストークにかけては男性など逆立ちしてもかなわない。当時、僕の会社では、事情があって一人で子育てをしている最中の女性をたくさん採用しました。その人たちが会社を支えてくれたのです。したがって優秀な女性は男性の上に立って役職にもつきました」

だが当時、女性の社長となったカズコに風当たりはきつく、馬鹿にされ、傷つき、その都度、忍耐力と強さが培われていった。

「僕はごく自然にグローバルスタンダードを採用したわけです。だから、とりたてて男性を優先させる理由もありませんでした」

対等の原則

「フィフティ・フィフティは流行語ではない。力学だ。ビジネスには対等の原則が適用されなくてはならない」。これが、アーロンの信念だ。

いくら下請けを美しく「協力会社」と呼んでみても、現実はそうではない。当時の業界用語では、二次加工品生産会社を下請けさん、またその下請けを孫請けさんと呼んでいた。大会社は、下請けさんがあってこそ製品が完成製品となって出来上がるのに、部品を生産する中小企業に対して、いつでも取引をやめてもいいよという態度で臨んでいた。大の強気である。「あなたのところだけでない、他にもある。他社はもっといい条件を出してくれる」とコストダウンを迫り、無理な納期を一方的に策定し、接待させるなど感心できない商法がまかり通っていた。

商売は常にフィフティ・フィフティのバランスの上に成り立っているというのがアーロンの信念だ。お互いが利益を得なければどうして続けることができるだろうかと。フェイラーという生産社、モンリーブという輸入販売会社、双方が均等に利益を得、同じビジョンの上で手を組まないと、いずれかの時点でバランスが崩れ、不満がつのり、その結果、決裂となる。

「国内の取引でも同じです。僕は経営を徹底的に勉強したわけではなく、いわば、自然の流儀に逆らわずにビジネスを進めただけ。したがって、付け届け、裏交渉や、相手のポケットを札束で膨らませる商習慣などとうてい容認できない。シロウトの発想なのか、僕が非常識なだけなのか、とにかく、僕にはできないことはできませんでした」

「カズコは〈世間知らずの御嬢さん社長〉、僕は相変わらず〈ガイジンさん〉呼ばわりされましてね。でも、中には大いに賛同してくれる人たちもいました」

しかし、コンプライアンスという概念が登場するのは、しばらく後になってからのことである。

1970、80、90年代は今から思えば、日本が経済発展を遂げるための大変なプロセスの最中《さなか》だった。売上至上主義のためには、こうした無理な歪みも、そこかしこに見られた。

百貨店は神様です

エレベーター・ガールが見事なおもてなしショーを展開する百貨店。お客様には天国でも、そこに商品を納入する業者にとっては、見上げるばかりの高い壁であった。新宿のある百貨店にやっと口座が開かれたときのことである。

「一流の百貨店に口座を開くというのは、たいへんなことでした。仮口座から本口座へと進むのですが、仮口座を開設する前は他社の口座を使わせてもらい手数料を支払っていました。当時バイヤーの力は絶大で、彼らのお眼鏡にかなうためには商品に実績があることはもちろん、袖の下をいくら包むか、接待するかで、仕入れ数量、展開場所が決められたのです」

ある百貨店で商品が売れ始めた結果、本口座が取れた。ところが、大喜びで現場へ見に行ったアーロンは目を疑った。ショーケースの中に美しく並べられているものばかりと思っていたのに、１辺30センチほどの立方体のガラスケースに飾られていたのはわずか３点。これは一種の企業ハラスメントではないかとさえ思った。会社へ戻ったアーロンは営業担当者に命じた。

「すぐ商品を引き上げてきなさい」

そう言われた営業担当者は卒倒しそうな顔をした。

「えっ、本気ですか？　そんなことをしたら、未来永劫あの百貨店と取引きできなくなります。これまでの努力がゼロになります」

「ゼロでもかまわない。さっさと商品をひきあげてくるのだ」

アーロンには自社の製品に自信があった。

「いまに、きっと商品の価値をわかる消費者から、なぜおたくの百貨店ではあの商品を置かないのかと問い合わせがくるはずだ。それまで待てばよい。商品に関していえば、消費者のほうが目利きなのだ。答えを出すのは一般の消費者だということを忘れてはいけない」

アーロンの予言は現実のものとなり、数カ月ほどして、平身低頭、もみ手をしながら、かの百貨店のバイヤーが現れた。

「前任の担当がたいへん失礼をいたしまして。ぜひお取引を再開させて頂きたく……」

「非常識の男」の勝利だった。

「異星人」のコンプライアンス革命

もうひとつ、百貨店との取引でアーロンがどうしても納得がいかなかったのが、返品制度という悪しき商慣習である。委託販売ならともかく、いったん買い取ったものを、不良品でも季節商品でもないのに、平気な顔をして返品してくる神経がわからなかった。月末の伝票操作や在庫調整に納入業者は幾度も泣く思いをした。

「そこで僕は社員に命じ、理由なく返品されてきたものについては、そっくりもう一度納品させに行かせたのです。〈返品〉は返品せよ。たとえ取引中止になってもかまわない」

社員にはつらい作業だったに違いない。バイヤーがとんでもなく威張っていた百貨店の現場だが、しだいにアーロンの主張にも理があることを理解してくれ、その精神に惚れ込む、心あるバイヤーも出始めた。

法令順守を意味する「コンプライアンス」という言葉は2000年代から使われ始めるようになったが、アーロンはそのはるか前からたった一人で戦っていたのだ。どんなに「異星人」だと言われようと、立腹することなく、淡々と自分の姿勢を貫き通した。旧態依然とした百貨店にコンプライアンス面での意識革命が起こったとすれば、そこにアーロンのすくなからざる寄与があったに違いない。

「世の中が進歩したのではなく、ようやくまともになってきたのです」

涙と笑いの舞台裏

アーロンがビジネスのスタートを切った時、資金がなかったので、大小の苦労を余儀なくされた。

「苦労の時代が一番思い出深いのは不思議です。配送する段ボールを買うお金を節約するため朝早く起き、浅草の問屋さんにお願いして、捨てる段ボールをもらいにいったこともある。花の都、パリでブランドに囲まれ颯爽と店を仕切っていた僕ですが、まことに情けない――とは思わなかった。いま会社は苦しいのだから仕方ないではないか。軽トラに段ボールを積み上げ、それを運ぶ……これで2、3週間分の段ボール代が助かる。捨てるものも生かされたのです」

こんなアクシデントも起こった。百貨店から電話がかかってきた。

「モンリーブさん、シュニール織が食料品売り場に納品されましたけど、いったい何ごとですか？」

浅草でもらってきたラーメンの箱に入れて納品したので、検品係が自動的に地下に搬入したのだろうと大笑いになった。

「懐かしい笑い話です」


納品といえば、１９７０年、８０年、９０年代は統一された伝票がなく、それぞれの百貨店が独自ばらばらの伝票と値札を使っていたため困難をきわめた。納品場所も都外の納品センターだったり、売り場の奥の検品場だったりした。すべての業者が行列を作って辛抱強く待ち、検品担当員に検品をしてもらうと、再び段ボールに商品を収めて各売り場に持ち込んだ。納品する側も値札つけ、検品、梱包、配送に至るまですべて手作業だった。

現在ではロジスティックスが発達し、運送会社が、納品手続きから売り場まで一貫した作業を委託で行ってくれる。大手はピッキング、値札つけまで大きな倉庫で行うので、流通業界が発達したおかげでどれほど楽になったことか。

「僕が梱包をしていた1970、80年代は百貨店からお褒めの言葉をもらいました。正確で、梱包のヒモがしっかりかかっていて、荷崩れしないと評判でした。僕は手が大きく、力が強かったから梱包はお手のもの。自分で百貨店の検品場に行き検品員と個数をあわせ、売り場まで持ち込みました」

毎年クリスマスは大きなケーキを買って各百貨店の検品場の係員にプレゼントするのが、アーロンの唯一の接待経費だった。

この40年の間に百貨店、小売店の事情はすっかり様変わりした。その頃は伝票も値札も百貨店ごとに異なっていた上に、コンピュータがなかったからカーボン紙を何枚もはさんで手書きで伝表を書き込まなければならなかった。

「その値札ときたら2センチぐらいから4センチぐらいまでサイズも百社百様で、その小さな値札の中に、ゴム印で、値段、品番、納品日、特殊なコードなどを押すのでした。そしてゴム印で押した文字や数字が乾いたら1枚、1枚商品に値札をつける。この作業には人件費がいくらあっても足らないほど手間と時間がかかりました。事務所の中に伝票、サイズの違うゴム印、値札を百貨店ごとの引き出しが設けてあり、新入の女子社員はその場所と種類を覚えるのに大変な思いをしたものです」

納品する前の晩は徹夜で値札づくりと値札つけに悲鳴を上げた。

「僕の太い指で2センチぐらいの値札にハンコを押すのは地獄でした。そして値札付けはさらに難儀な作業でね。何せ、ちっぽけな値札はうまく指の上にとどまってくれないし、直径1ミリぐらいの穴に糸を通すのだから、僕は半泣きの状態。〈なぜこんなことをしなくちゃならないのだろう?〉〈いや、これがいまやるべき仕事なんだ〉と自問自答しながら頑張りました」

苦労だと思えばいやになって続行できないが、いまなすべき仕事、そう思えば続行できるのだった。

麹町のマンションは狭くて値札をつける場所もなく、フェイラー社から送られてくる段ボールが畳2畳ぐらいある大きさで、頑丈すぎて、男性一人では持ち上げられないぐらいの大きさと重量があった。それをマンションのベランダに置き、追加の一部屋とした。「その中にカズコが脚立で入って検品して値札を付け、出てくるときは僕がカズコと商品を引きずり出す始末。それでも〈一部屋あると思えばいい。暖かくて居心地もさほど悪くないわ〉と涼しい顔でした」

自助努力で何とか克服できる苦労もあれば、外部要因による如何ともしがたい苦労もあった。

フェイラー社からタオルの輸入を始めた当初は航空運賃も高く、船便で発送してもらうしかなかった。アーロンが喜び勇んで初めて大量の発注書を機関銃のようにタイプライターで売った商品が船で横浜に着くのを待ち焦がれていたある日、横浜の乙仲（海運輸入代行業者）の事務所から立会検査に来てほしいと要請があり、とんでもないことが起こっていることを知らずにカズコと駆けつけた。

やっと倉庫をタオルで少しは埋められると張り切っていた矢先の事故だった。埠頭のコンクリートの上で無残にも開梱されたカートンの中のタオルは全部水浸し、しかもオイルが混じり、とても売り物にならなかった。

船便はもうこりごりだ。日数がかかる上に、こんな被害にあうとは予想だにしていなかった。それ以降、航空便に切り替えた。

ところが海から空に切り替えた途端、ギャング映画もどきの国際窃盗事件に巻き込まれることになる。

やっと資金が回るようになって、イタリア国内で思い切って大量に買い付けた商品を集荷してミラノ空港に向かったフォワーダー（航空輸出入代行業者）のトラックがハイジャックされたのだ。

せっかく買った2000万円の商品はスペイン国境の向こう側に消えてしまった。その頃、ヨーロッパ各地で同様の被害が起こっていた。一面トップの新聞記事になって国際手配もされたが犯人は捕まらず、商品も戻ってこなかった。

「盗難保険をかけるお金がなかったので、全損です」

気の弱い経営者なら会社をたたんでしまったかもしれない。この事件のあと、再びサンプルで受注を取る方法に変えざるを得なかった。
再び、ゼロからスタート。みごとに振り出しにもどったのだ。

事件や災害は場所を選ばない。会社にいても安心できない。火事こそ幸いなことに経験しなかったが、「水害」に見舞われた。

ある日、出社すると社員全員が新聞紙、トイレットペーパー、クリーネックスなど、ありとあらゆる紙類と割り箸を持って各階の部屋を出たり入ったりしている。なんと金曜日の夜から月曜の朝にかけて3階の男性用トイレから、一定時間経過すると止まるはずの自動洗浄用の水が流れ出し、地下まで浸水する事件が起きていた。コンピュータにつながったケーブルや配線、電源コードやコンセントなどは、床の配線ダクトに収められていたから、ここに水が流れ込んだ。

そのため、あらゆる電気設備を止め、床の配線ダクトにたまった水を割りばしの先端にはさんだトイレットペーパーなどに吸い取らせていた。

数100個近くのダクトの排水を手作業で行った。3日間、すべての仕事がストップ。当然、倉庫のタオルも水びたしになった。

「吸水性を誇るタオルだけあって、その長所をこんな形で実証してしまったわけで、笑い話にもなりません」

この水害被害で再び在庫がほぼゼロになってしまった。


まだまだ事件は起った。念願かなって東京・五反田に建てたこの自社ビルの玄関ロビーには、アールヌーボー風に湾曲した縦５メートル、横８メートルもある一枚のガラスがはめられ、ショールームに飾られたフェイラー製品の美しい柄とマッチし、美しい空間を演出していた。


ある朝、従業員の一人が10センチほどの石と、ガラスに空いた穴を発見した。総務の営繕担当は、単純にその部分だけ切り取ってガラスをはめ込めばいいだろうと思い、ガラス屋に相談したところ、

「湾曲した特注品ですから、そんな簡単にはいきません。１枚ものですから、総取り替えになります」

その後、足場を組み、20人近くの作業員全員がいっせいにガラスを外して新しいものに取り換えたが、数百万円かかった。

心ない人のいたずらがこんな事件をひき起こした。思わぬところで思わぬことが起こるから「事件」「事故」というのだろう。

こんな経験から、保険を商品にかけるのは当然、人、建物、車、防災、震災などに関してもその重要性を勉強させられ、かなりのエキスパートになった。地域の消防署からもおほめの言葉をもらった。

「どんなことが起こってもそこからは学ぶべきものがある。騒いでも誰も何もしてくれるわけではない。クールに起こった事実を受けとめて淡々と対処するしかない。一つ、また一つ、苦労の経験が企業を成長させる一里塚です。忍耐こそ筆頭にあげられる、経営者には不可欠なエネルギーだと思います」

信用していた人に裏切られて、痛い目にあったこともある。だが、見えるものには保険をかけることができるが、見えない人の心には保険はかけられない。

「苦労という言葉を発する限り、ネガティブなエネルギーが渦巻き、経営など続行できません。逆にこれは新たなチャレンジのチャンスかもしれないと考えてみる。そうでなければ先に進めない。ピンチはきまってダブル、トリプルで襲いかかってくるが、学ぶものがいっぱいあるのもこの時点です」

懸命に頑張るうち、肉体を酷使したカズコはついに病に倒れた。海外出張の帰りに寄ったイスラエルで脈が１２０ぐらいから下がらなくなり、体重は40キロまで激減し、息がつけなくなってしまったのだ。かなり進行したバセドー氏病であった。

ハイファのカーメル病院のドクターに「いますぐ手術をしないと、あなたの奥さんは命が危ない」と説得されたアーロンは、イスラエルでの手術も考えた。しかし、術後のことを考え帰国することにした。

「翌日、緊急入院して1ヶ月、僕は不安に明け暮れました。無事手術を終えたが、病室に行くたび、苦労の代価を払っているカズコを見て、どうしていいかうろたえるばかり。退院の日にカズコの年の数の40本のバラの花束を買って、２人で表参道に出たときは、カズコの手を握りしめ、ふたたびこんな思いをさせまいと思いました」

アーロンは二人でまたチャレンジできる喜びをかみしめた。

第8章

僕は僕なのだ

落第生

「ものすごい顔をして、冷や汗をたらして、なにかうめいていたわ。どうしたの？」

「いや、日本がどこかの国に侵略されて、まっぷたつに分断されるんだ」

「まあ」

「君だけでもいいから、姫路のお母さんのところへ逃げてくれと、僕は叫んだのだけど聞こえなかったかい？」

「あなた、つらい目にあったから……」

「どこかの国に侵略されて自由を奪われるぐらいなら、死んでもいい。僕は自殺する。そのときは覚悟して僕を許してほしい」

アーロンがもっとも忌み嫌い、恐れているのは全体主義である。

「僕は自由であることが好きだ。宗教や国家の束縛からも、かくあらねばならぬという固定観念からも自由でいたい。僕は僕なのだ」

世界中で嫌われるユダヤ人という言葉ほど特殊な響きを持つものはない。強欲なユダヤ人のイメージには、金貸しシャイロックが登場するシェイクスピアの戯曲『ヴェニスの商人』なども一役かった。ディアスポラ以来、何千年ものあいだ流浪の民として生きてきたユダヤ人は最低限度のものしか持てず、ゼロで生きることも余儀なくされてきた。そのため、教育、知識、教養、文化、芸術の様に見えない価値を身に着け、社会の中で這い上がることを繰り返してきた。それが突出したがゆえに憎まれ、嫉妬され、怖がられる理由にもなった。戒律が厳しいことでも知られている。

「だが、なかには僕のような落第生もいる」

だから、ユダヤ教徒の安息日「シェバト」の戒律も守らない。

厳格なユダヤ教徒は、毎金曜日、宵の明星が上がったら、明けの明星が上がるまで、機械の操作や火を扱ってはいけない。したがって、食事の支度は、金曜日の日没前までに終えていなければならない。安息日の土曜日は調理をせず、前日に作っておいた冷たい料理を食べる。機械も使えないから電気シェーバーでヒゲも剃れない。なんとも不自由なことだ。

「だが、僕は気にしない。やりたいようにやるだけ」

ユダヤ教徒が不浄なものとして口にしない豚肉も大好物である。

「日本の豚カツ、あんなおいしいものが世界にあるでしょうか。もりもりに盛り上がった千切りキャベツとジュージューと揚げたてのカツの上にソースをたらして食べるのは最高。ヨーロッパから来たユダヤ教正統派の友人だって、このときばかりは戒律を破って食べていますよ」

戒律より近くの神社

そもそも、アーロンが日本に来て5日目が神式の結婚式だった。

「会社が大きくなって自社ビルを手に入れたときには、神主さんを呼んで地鎮祭を執り行った。お清めをしてもらい、お神酒を飲んで万《よろず》の神に首《こうべ》を垂れると、気分が爽快になりました」

神社でお賽銭を挙げることも楽しみのひとつだった。

「僕の家の近くに小高い丘があって、その頂きの小さい神社に下から石段が続いていた。ある日、散歩の途中に一人のお婆さんがこの石段を苦しそうに登っているのを見つけた僕は彼女を背負って石段を登り、いっしょにお賽銭をあげて、お参りしました」

それ以降、僕が昼食後に散歩するたびに、このお婆さんが待っているようになった。

「お願いします」

「ああ、いいですよ」

アーロンは小銭を預かると、お婆さんの「代理人」として石段を駆け上り、お賽銭をおさめ、お参りして、また階段を駆け下りた。

「距離感」の美学

「僕はルーマニアから脱出して以来、人や物やおカネなど、かたちのあると思っていたものが、一夜にしてゼロになるのをいくたびか経験してきました。無常観ともいえます。これはもう皮膚感覚に近いものです」

会社でいえば、人、物、おカネは大切な経営資源。クルマの運転と同じく、それぞれと距離感を保って安全運転することにつきる。

しかし、距離感をとるのは言葉でいうほどやさしいことではない。

「たとえば、おカネ。執着するなら安全な運転がむずかしくなる。車間距離がなくなる。住み心地のいい家、ブランド製品、クルマ、宝石、何だって買える。でも、目に見えるもの、おカネで買えるものは、すべていずれ消えてなくなるものです。そのことを、しっかり心にとめておかねばなりません」

無借金経営がアーロンの一貫したポリシーだ。手元に10万円しかないなら、その範囲内で商売をする。おカネはゼロから始まり、うまくいけば巨万の富ともなり得るが、無理な借金がたたって、一転してゼロどころか、莫大な負債を抱え込むことにもなりかねない。だから、けっして無理をしない。

「おカネがすべてを狂わす」「お金持ちは悪い人」こんな思い込みや固定観念はきっぱり捨てること。おカネは、人間にとって非常に重要な「道具」のひとつなのだ。

おカネをかせぐのは、むしろやさしい。それをどのように使うか。おカネは目的を達成するための「手段」のひとつであって、「目的」そのものではない。

おカネというものをどうとらえ、扱うか。そこには人間の知恵がなくてはならない。そして、そこにその人の品性が現れる。

「僕なら〈距離感〉という言葉で表現しますね。おカネというものは、ないときにはない。あるときにはある。あたりまえのことです。だから、あるときには使えばいい。おカネは使う人次第。本来、きれいでも汚くもないのです」

能天気には、苦労の倍返し

一生、苦労なく過ごせる人などいない。ハードルの連続だ。
ではこうしたハードルにどう対処すればいいか？

苦しい状態を淡々と受け入れる。
そのためには冷静になる。
人に多くを語らない。しゃべったからといって人が助けてくれようか。
克服するのはあなた自身。
方針が決まったら、「絶対に逃げない」「放棄しない」。
苦労が長引き、終わらない最大の理由は、そこから逃げよう、忘れようとするからだ。
酒で何が解決できようか。
苦労を人に押し付けたりはしないだろうね。
楽天的にかまえていれば、いずれ収まるなんて考える能天気には、
苦労の倍返しが待っている。

待て。これは自分に課された人生の試練だ。
すぐ答えを出そうとあせることは禁物。
一挙に「解決の大海」の出現を望まない。
まず小川を作ることから始めよ。

（アーロンの人生哲学）

淡々感

アーロンが大好きな日本のことわざに〈人事を尽くして天命を待つ〉がある。
「なんと素晴らしい東洋の哲学ではないか。やるだけのことをやった、これ以上人間としてやれないことはいずれ天が収めるということなのでしょう」

「地球上のちっぽけな生き物である僕たちのことなど、宇宙のエネルギーが、いずれ収まるように収めてくれる。信心深い人は神の叡智に授かると考えるだろう。いずれにしても死してゼロになるときは苦労を持っていくわけではない」

星空を仰いでいたらそんな安堵感にひたされる。アーロンは戦地でも何度か星空を仰いだ。土砂降りの雨に見舞われてもそれが一年中続くわけがない。同様に、いつも晴れとは限らない。だからこそ、淡々とした心の持ちようが必要なのだ。

「この僕の日頃の態度を評してカズコは〈淡々感〉なる造語をこしらえました。無意識によくシュラッグ(shrug)というジェスチャーをする僕を表現するぴったりの言葉だというのです」

両手を開いて、手のひらを上にして、肩をすくめる。

ここまでやったのだから、あとはお天道さんにまかせようという、アーロンお得意のポーズである。

昔も今も変わらず地震、津波はたえまなく日本を襲った。そんな日本の風土と人の死生観が日本人の「したたかな強さ」なのではないか。水のように淡々と受けて、流す人こそ、悟りにも似た強さを持っているのではないか。

「淡々感」のアーロンは思う。

鏡の中の「日本人」

毎朝、鏡の前でひげを剃るときアーロンは自分の顔を覗き込みながら考える。戦争で怪我をしたときの唇の傷はいまもそのまま残っている。でも、どこか昔の自分ではない。

「僕はこのまま日本人になっていくのではないか」

家族や会社関係の人たちや知人からも、アーロンは日本人より日本的だと言われるようになってきた。日本に帰化して日本国のパスポートを得るまでに14年。その後30年近く暮らして、人生で一番長く定住する場所となったからだろう。

アーロンにとって、いちばん身近な日本人は、カズコとその家族だった。彼は飾り気のない団欒の世界に心地よくとけこんでいった。たとえば夕食のとき、父親の帰宅が遅くなり夕食に間にあわなかったりすることがある。そんな時、カズコの母は、父親の食卓の上に、炊いたばかりのご飯をよそったお茶碗とお箸を置いて手を合わして頭を下げ、

「お先にいただきます」

それにみんなが唱和する。

そんな言葉はヨーロッパに存在しない。

母の日傘

日差しの強い日など、カズコの母はアーロンのうしろから、そっと日傘をさして陰を作ってくれる。食卓に並べられた料理をおいしそうに食べているのに気づくと、もっといかがとばかり、自分のものまでお箸で僕のお皿に入れてくれる。夏はぱりぱりに糊のきいた浴衣が枕元に置かれ、冬は布団の中に湯たんぽが入れてある。玄関を出るとき、アーロンの靴がピ

カピカに磨かれている。

「これは、世界のどこにもない日本人独特のやさしさです。代償を求めない純粋な心配りは炊き立ての白米のような温かさです。あの時代のやさしさだったのかもしれません。まだ日本に残っているでしょうか」

アーロン流グルメ

白米といえば、パリの店でカズコとお弁当を交換していたときに食べた梅干入りのお握りが、その後40年も大好物になるとは思わなかった。

「お握りが僕を日本に誘ったのかもしれません」

アーロンは食生活でも日本人になった。いささか奇想天外なレシピだが、お口に合うかどうか。まずは紹介してみよう。

仕事から帰った夜、一人きりの夕食となったときは、残りのご飯にお砂糖を振りかけ、その上にミルクを注いで食べる。アーロン流のライスプディングである。日本の食べ物で好きなもののトップはモズク、これをサラダドレッシングの代わりに、レタスやトマトの上に振りかける。とびっきりの健康食である。

「みなさんも試してみる価値ありと保証します。アルカリ食品のモズクは甘味、酸味、トロ味、全部そろって他のどのドレッシングより、うまい」

納豆は、血液があまりサラサラではないアーロンにとって良くない食品の一つだと医者は言う。

「だが、寿司屋のシメにはこれしかない。最後の注文はいつもきまって、ウメキュウと、納豆巻きです。自宅では、熱々の白いご飯に納豆と生卵と思いきや、ちょっと違う。バターを塗ったパンの上に納豆を載せてトーストする。これこそ僕にとって、納豆の〈正しい食べかた〉です。嘘じゃない。なかなかいけますよ」

極めつけは、バゲットをバージンオリーブオイルではなく、ポン酢につけて食べる。

「言っておくけど、こんな美味なる食べ方はありません。食べない人にはわからないでしょう」

御茶ノ水の小説家がよく泊まる「山の上ホテル」。アーロンはそこのレストランの鉄板焼きが大好きである。

「そこに行くとボーイさんが僕のわがままな〈特注品〉であるパリパリのバゲットとポン酢をちゃんと覚えていて出してくれる。まわりのテーブルの優しい日本人は微笑みながら眺めていますが、内心ではびっくり仰天して〈ヘンなガイジン〉と思っているに違いありません」

アーロンのフランスの友人には、もっと上をゆく「食の達人」がいる。

「おいしい沢庵をミルクに浸して食べるとフォアグラの味がするというのです。その友人が日本に来ると、かならず漬物屋さんに行きます。発酵学の権威なのですが、日本の漬物の奥深さにすっかりはまってしまってね」

もう一つ、スイカの「正しい食べかた」をお教えしましょうとアーロン。

「塩のかわりにゴートチーズを振りかけて食べる。これは、ルーマニアでは普通にやっていることです。そもそもチーズには塩が入っているのだし、チーズの原料はミルクなのだからマズいわけがない。カズコは気持ち悪そうな顔をして眺めていましたが、そのうち、〈うん、いける〉と真似するようになりました」

さて、一つだけ苦手なのがお餅。

「日本人の大好きなお餅をいつもトライするのですが、どこまで噛んで、どの時点でのみ込めばいいのか、わからない」

だから、お餅はいつまでも口の中でチューインガムのように右往左往。カズコがパリで格闘したランチの牛の脳味噌のように、アーロンとお餅の戦いは終わらない。

「食べることは人生の最大の喜び。もっと奇想天外なスタイルがまだまだあるはずです。異文化の衝突で、あらたな味覚が生まれるのは愉快じゃないですか」

夕食のとき、唯一楽しみにしていたテレビ番組がTBSの「ザ・ドリフターズ　8時だョ！全員集合」だった。セリフはわからなかったけれど、志村けんが、かつらをかぶり、腰を曲げたおばあさんの姿で登場すると、お箸を持つ手をとめてテレビにクギ付け。めったに笑わないアーロンが笑うのを見て、カズコも笑った。

一見バカバカしい笑いの中にある、真実をついた日本人のペーソスが、日本人になっていくアーロンには、たまらない。

「僕はおばあさんが好きなのかな。神社でおばあさんのかわりにお賽銭をあげるも楽しみの一つだったし」

もったいないな日本人

アーロンは大好きな日本人に、一つだけ注文をつけたいことがある。

広く世界を知るためには、外国語の習得は不可欠だ。アーロンは数か国語をほぼ完璧に読み書き話すことができる。まず、母国語のルーマニア語と、祖父や祖母がしゃべっていたイディッシュ語。パレスチナへ行ってからはハイファ工科大学の講義がヘブライ語だったため、この謎めいた言語も習得。ついで英国の軍隊に入ったから否が応でも英語。その軍隊が枢軸軍を追ってイタリア半島を転戦したからイタリア語。パリの高級免税店で働いたからフランス語。そして、日本に50歳のときにやってきて以来、半世紀暮らしたから日本語、といきたいところだが、これだけはお手上げ。いつまでも上手にならないが、聞いて理解できるぐらいにはなった。

「僕のようにたくさんの言葉をしゃべれるからといっても、外国ではなにも珍しくない。僕のように4つのパスポートをもちかえれば、最低4つの言葉はしゃべれなくてはね」

しかし、アーロンにとって理解に苦しむのは、あれほどむずかしいカタカナ、平仮名、何千何万の漢字からなる日本語を自由にあやつる日本人が、外国語がはなはだ苦手だということだ。

「インターネットの21世紀になって、金融をふくめ、あらゆる情報が瞬時に世界を駆けめぐるいま、これでは、はなはだ心もとない。日本人が優秀なだけに、いかにももったいない。日本人が世界でもっと活躍するためには、最低、英語は第二外国語として話せるよう教育し直すのが望ましいと思う」

晩年のアーロン

第9章　星に帰る

持ち時間

アーロンは84歳になったとき、会社をM＆Aにより手放そうと決めた。

どんな企業も昇れば下る、始めれば終わる。人生と同じように、かならず「ジ・エンド」が待っている。この世に「永遠」というものはない。引き際を考えなければならない。だからこそ、そこにトップの経営哲学が求められる。その考えが正しいか否かは結果で判断される。

後継者選びを誤り、業績が悪化、どうしようもなくなって底値で売却というのは日本の会社が陥りやすい最悪のパターンだ。創業者の一族に固執する弊害は枚挙にいとまがない。アーロンが行ったのは欧米ではきわめて常識的な選択だった。

自分の作った会社は自分で始末をつける。

年齢的なこともあり、M＆Aをやるなら最高の業績を上げている「いま」しかなかった。

ブランドを継続してくれる企業と、どの時期でお見合いをし、結婚するか、どういう条件が必要かを検討した。経営最後の総仕上げに、責任あるけじめをつける。「車の両輪」であるドイツのフェイラー社に迷惑がかかってはならない。

「私情を極力排除し、事業の継続性を考える。従業員の雇用は守りたい。Ｍ＆Ａは２つの会社が１つになるのだから、おたがいにメリットがなければならない。Ｍ＆Ａは体力のあるうちに〈フィフティ・フィフティの力学〉で臨むべきだと思う」

２００５年、ある大手商社が、モンリーブ社の業績を評価し、企業理念や文化に理解を示してＭ＆Ａが決まった。大いに評価されたのは、数字で見える収益性だけではなかった。

「僕とカズコが大切にしていたことは〈無形の価値〉でした。それは独自性（originality）であり、市場性（marketability）であり、創造性（creativity）など、僕たちの会社は競合相手を上回る圧倒的な能力、すなわちコア・コンピタンス（core competence）をしっかり持っていたのです」

「作ってきたのはＪＩＳマークのような規格品ではなく、他社にはマネのできないヒューマンな温かみのある一種の芸術作品だったと自負しています。有形の資産だけがＭ＆Ａの評価のすべてではないのです。有形資産が減ってきて、企業の体力が落ちてからでは遅すぎるのです。新聞が僕たちのＭ＆Ａを成功例だとして大きく取り上げました」

Ｍ＆Ａの後、アーロンは相談役として残ったが、86歳のときこの役職から完全に引退することになった。

あまりにも充実した創業者人生で、家族のように慣れ親しんできたかつての従業員たちと離れがたく、退任したあとも英字新聞を持って会長室に現れ、かつてのデスクに座っている姿に周囲の人たちは胸をつまらせた。

ゼロから創り上げ、経営し、継承させるために手放さざるを得ない心境は誰にもわかるまい。ある大手銀行の頭取から、ゴルフをやらないのを知ってか知らずか「アーロンさん、ゴルフバッグを持ってすぐ翌日にでもハワイに飛びなさい。つらいですよ」と忠告を受けた。

カズコはそのあと、名誉会長として2年残り、その間、フェイラー社の製品がマーケットにさらに根付くよう全国の百貨店をほぼすべてまわり、映像を作成して、セミナーを開いた。いつも芸術と情熱と責任を持ち続けた彼女なりの有終の美学だ。

こうしてアーロンたちは、40年近くの仕事から「脱出」した。再び「ゼロからの出発」である。

かねてより娘同様に可愛がっていた姪と、20年来、いっしょに仕事をし、身体が弱ったアーロンのサポートをしてくれた彼女の主人を家に迎え入れた。

大切にしたいのはギリシャ語でいう「カイロス」(Kairos) 的な時間だとアーロンは思う。それは時計の刻む機械的な「クロノス」(Chronos) 的な時間ではなく、人間の心の持ちようによっていかようにでも変化する「質的な時間」である。人間の持ち時間は定められている。時間の質を生きる。サラリーマンが退社し朝起きて出社する必要がなくなるのは、現実に来る。しかしその後の人生こそ１００パーセント自分にエネルギーを注げる時間なのだ。

人生のすべてのステップを経験してきたアーロンの晩秋は、さらに一つの大きなプロジェクトに向かって、最後の輝きを放つのだ。

ドイツに恩返し

アーロンたち夫婦は、お世話になったフェイラー社があるドイツ・バイエルン州ホーエンベルクの町に、お年よりのための介護施設であるYSH (Yamakawa Seniorenhaus) を寄付し、2017年秋オープンの運びとなった。

おたがいに誠実な仕事を通じてパートナーシップを強固にしていった「車の両輪」であるフェイラー社とその従業員、そして彼らが働き、住むコミュニティーに対する恩返しだった。過疎化に悩む小さなドイツの町に海を越えて届けられたアーロンたちのユニークな寄付を核にして、バイエルン州やその他ドイツ各地からさらに基金が集まった。

このYSHには、近代的な訪問支援介護棟、ICU棟、デイケアー棟、コミュニティーセンターのほか、将来ホーエンベルクのシンボル的なスポットとなり、観光地として発展することを視野に、日本庭園「桜の園」が設けられ、百本近い桜が植樹されることとなった。

最後の脱出

戦場から実業の世界へ。一生戦いの連続だったが、最晩年は病魔との戦いとなった。誤嚥性肺炎を起こし、救急車で運ばれて入退院を繰り返した。このままだと生命の危険があるため、食道と気管のあいだに壁をつくり、二つを完全に分離する当時としては先端的な手術を受けることになった。87歳の時である。

声帯を半分残す選択肢もあったが、誤嚥の可能性も残る。声を失っても命をとるか、大きな決断を医師から求められた時、山川アーロンは「しかたないじゃないか」とばかり両手を開き、手のひらを上にして、肩をすくめてみせた。淡々と運命を受け入れる、彼お得意の「シュラッグ」ポーズである。これが、彼の最後のシュラッグとなった。

６時間近くの大手術だった。誤嚥の危険こそなくなったが、声を失った。それからは、妻のカズコとは、目と心で会話をする。

「アーロン。あなたの大好きなソフトクリームを食べましょうか？」

「うん」

目はそう答えている。

口の中で甘いミルクが冷たくとろけるソフトクリームは、食道と気管の間に作った壁のおかげで誤嚥することなく、胃の中へ入っていく。

経口による栄養だけでは足りなかった。胃ろう手術ができなかったため、腸ろう手術を受けた。戦地で飢餓寸前の食料不足をピスタチオとパイナップルの缶詰だけで数ヶ月間食いつないだ無理がたたって胃穿孔となり、胃に栄養補給チューブをつなぐことができなかったからだ。心臓にはペースメーカー、口には痰の吸引器、導尿カテーテルなど、要するに全身、生命維持装置につながれ、「要介護５」の認定を受けていた。

２０１１年3月11日午後2時36分、東日本大震災が起こり、東京の病院に入院中だった病室のベッドも跳ねるように大きく揺れた。幸い怪我はなかったが、たちまち大問題がふりかかった。地震によって、水や電気の制限が始まった。停電になれば生命維持装置が停止する。医薬品の供給不足が始まっていた。プラスチックでできた高カロリー栄養剤の袋を製造している福島の工場が津波で流されたという情報も入った。

3月16日の夜8時頃、救急搬送用のストレッチャーの最後の一台があるという情報を得た。その予約の締め切りは午後10時だった。

安心しきってベッドで眠るアーロンのかたわらで、妻のカズコは東京脱出を決断した。

17日の早朝、水や医薬品を積み込み、アーロンを載せた大型ストレッチャーが東京を出発した。姫路の病院まで650キロを走るので、交代の運転手がもう1人付く。そのほか女性介護士と妻のカズコが乗り込んでいる。

アーロンにとって久しぶりのドライブだった。かつては愛車ブルーバードで何度往復したかわからない東名高速道路。窓の外に流れる風景を眺めながらソフトクリームを片手に子供のようにはしゃいだ。声は出ないが、クルマの天井や壁をうれしそうに両手でさわりまくる。そう、彼は軍隊で輸送部隊にいたのだ。

ところが、静岡あたりまできたとき、ハプニングが起こる。腸に差し込んでいたチューブが突然抜けた。高速道路を下り、市内の病院を探し、やっと日赤に駆け込んで緊急手術を受け、ふたたび西に向かった。姫路市に住むカズコの兄、山川一郎宅に着いたのは、同日の午後4時30分。東京を出発してから12時間が経過していた。

ルーマニアからの脱出をはじめとして、イスラエルから、フランスから、そして東京から、こうして山川アーロンは4度目の脱出をしたのである。

あの大地震がなければ、彼がこういうかたちで姫路に戻ってくることはなかっただろう。結婚式を挙げたのは後に世界文化遺産となる姫路城の真下にある姫路神社。終焉の地となった病院はその東側にあった。アーロンはいま、お城の南側にある山川家の墓に眠る。アーロンの日本での後半生が完結した場所は、お城を中心にしてすべて姫路市本町68番地に含まれる。なにか因縁に似たものを感じざるを得ない。ちなみに千代田区千代田1番地の皇居についで日本で2番目に広い地番だ。

山川アーロンは姫路で1年半を生きた。アーロンが生涯の友としたのは、パリに住む従兄弟のジャン・セヴェールと、義兄である山川一郎だった。山川は京都大学の経済学部を卒業して東京の総合商社につとめたのち、故郷の姫路で趣味の音楽や聖書の研究に打ち込んでいた。むろん英語にも堪能で、この義弟の存在がなければ、山川アーロンが、これほどおだやかな人生最後の日々を送ることはできなかっただろう。

最期となるその日も、いつもと変わらず、ベッドの中から妻のカズコとボール投げをした。１００円ショップで買った小さなボール。彼はそれを上手に受け、投げ返すと、突然、右手の親指を立て、それを耳の近くで振りながら、その口はたしかに日本語でこう言った。

「か、え、る」

出ないはずの声が、全身を震わせた。

家に帰りたかったのだろうか、

それとも、どこか遥か遠くへ。

妻のカズコが病院から危篤の知らせを受け取ったのは、その日の夜11時頃のことだった。

12時過ぎ、病院にかけつけると、そこには子供にもどったような、安らかな寝顔があった。

２０１２年9月23日　秋分の日

山川アーロン 没　91歳

山川アーロンはこの世から5度目の「脱出」をし、かつて砂漠で見上げた夜空に浮かぶ宇宙の星のもとに帰っていった。「ゼロ」はこうして完結したのである。

山川阿倫（アーロン・メロン）略年譜

1921	ルーマニア、クライオバ市で誕生
1935	高校入学
1939	第２次世界大戦勃発
	ナチを逃れ Transylvania 号でパレスチナに脱出
1940	ハイファ工科大学に入学
1941	英第８陸軍に志願
1944	パレスチナ市民権取得
1945	結婚
1946	イギリス軍除隊
1948	イスラエル建国、軍入隊
1952	イスラエル国民法制定、国民となる
1956	テルアビブ大学経済学部入学、スエズ戦争で中断
1962	パリでファミリービジネス「リッツ香水店」に勤務
1966	山川和子、リッツ日本人課入社
1968	ベルギーで「一枚の織」と出会う
1970	山川和子と結婚、モンリーブ社設立
1972	フェイラー社シュニール織独占販売権を得る
1987	日本国籍取得
2007	モンリーブ社退任
2011	東日本大震災、姫路に脱出
2012	姫路市にて死去（享年 91）

あとがき

本書は、山川アーロンへのインタビューを中心に、すでに書き溜められていたメモや、写真、公文書類、遺品の数々を整理しながらまとめたものである。

「カズコ」として登場する妻、山川和子さんの証言および使命感あふれる情熱と忍耐なくしては完成をみなかった。

残念ながら、本人はドイツ・ホーエンベルクに完成したYSH（Yamakawa Seniorenhaus）の完成を見ずして天の星に帰った。

また、世界に散らばるアーロンの家族、友人から貴重な情報の提供をして頂いた。

妹　エルザ・ヴィザン（Elza Visan）パリ在住
従弟　ジョン・シュヴァルツ（John Schwartz）パリ在住
友人　ジョゼ・ショウェンツヴィット（Jose Schoenzwytt）ベルギー在住
親戚　ミリアム・エシュケナジ（Miriam Eskenasy）シカゴ在住

甥　　エラン・モリッツ（Elan Moritz）フィラデルフィア在住

上記の方々のご協力に深甚なる感謝の言葉を捧げます。

大江　舜

大江　舜（おおえ・しゅん）
１９７０年、慶應義塾大学英文科卒。新潮社勤務を経て著作活動に。ジャーナリストとして、社会時評を中心に『新潮４５』などに執筆。翻訳の代表作としてウォーターゲート事件の内幕を描いた『権力の終焉』、米雑誌ジャーナリズムを活写した『「ニューズウィーク」の世界』など。その他、多数の著作物がある。１９９５年、フランス芸術文化勲章シュヴァリエ受章。

日本人になったユダヤ人
―「フェイラー」ブランド創業者の哲学―

二〇一七年十一月十五日　初版第一刷発行

著　者　大江　舜
装　丁　横山　恵
発行者　宮島正洋
発行所　株式会社アートデイズ
〒160-0007　東京都新宿区荒木町13-5
四谷テアールビル２Ｆ
電　話（〇三）三三五三―二二九八
ＦＡＸ（〇三）三三五三―五八八七
http://www.artdays.co.jp
印刷所　中央精版印刷株式会社